康莊紀遊

孫康著

文學叢刊

文史哲出版社印行

國家圖書館出版品預行編目資料

康莊紀遊 / 孫康著. -- 初版. -- 臺北市：文史哲, 民 96

頁： 公分. --（文學叢刊；187）

ISBN 957-549-709-5 (平裝)

1.世界地理－描述與遊記

719.85 96005233

文 學 叢 刊 187

康 莊 紀 遊

著 者：孫 康
出 版 者：文 史 哲 出 版 社
http://www.lapen.com.tw
登記證字號：行政院新聞局版臺業字五三三七號
發 行 人：彭 正 雄
發 行 所：文 史 哲 出 版 社
印 刷 者：文 史 哲 出 版 社
臺北市羅斯福路一段七十二巷四號
郵政劃撥帳號：一六一八〇一七五
電話886-2-23511028 · 傳真886-2-23965656

實價新臺幣 四〇〇元

中華民國九十六年（2007）四月初版

ISBN 978-957-549-709-5

自序

路是人走的，路是人走出來的，路有時荊棘叢生、崎嶇不平，但有時也會爲康莊大道，不管怎樣說，能走路就有希望，能走路就證明你的存在，以及你有能力向前行。能走路就可看日出日落，海闊天空。

我似乎天生下來就是走路的命，十幾歲就得背井離鄉，隻身走路跨越黃河，遠赴一百里外的濟南，天不亮啓程，黃昏時分到達，爲的是去就讀一所流亡學校。

高中還念不到幾個月，濟南發生了圍城大戰，爲了躲避熾烈的砲火，倉促之間疾行，踏上了流浪逃亡之路，雖然烈日當頭、狂風撲身；雨淋、飢餓，看不到路的盡頭，仍得一步一步向前行，直到南京。

以後蘇杭、浙贛、粵漢、湘桂、長江、粵江、黔滇，而海南、台灣，雖然一路走來倉惶不安，食宿不定備極艱辛，但大好壯麗雄偉的河山，秀麗的自然美景，卻一覽無餘，留下了永遠難忘而深刻的印象，激發起述說記下，畫出的心願。

生活安定以後，嚮往大自然的情懷，到外面去看看的心願，就一波一波不斷的湧出，因而無論國內、國外、鄉村、山野乃至小城市、世界大都會，東至紐約，西至巴黎，北至承德，南至紐西蘭，稱得上是天涯海角，遊蹤難以道里計，看山看海，看變換難以捉摸的雲彩，也看漠漠大地；攝影、寫生，採集人文風俗，有時還會遇到許多不同境界和意想不到的故事。一個人獨行雖然也不錯，但有意趣相投、相互摯愛的伴侶牽手同行，更是最好最美，不但可以彼此關心照顧，而且還可以分享、討論、交換看法、吸取經驗。

自一九四六到今二〇〇七年，前後六十年之間，在我人生的道路上，絕大多時間都是與定敏我的太太一起走過，我把所見所聞、所遇所感，用文字、圖片乃至繪畫紀錄下來，書名爲「康莊紀遊」，以爲自己足跡留痕。

記不得是什麼人說過：「在人生的旅程中，步伐不要走得太快、太急，停下腳步來，欣賞欣賞四週的景色，嗅嗅大地的芳香，仰首看看天光雲影，品嚐品嚐人間美味，把塵世間的恩怨成敗忘掉，你一定發覺人生還是很美的。」這段路我願與所有朋友及有緣人分享，也期望大家對自己所走的路一同勉勵、珍惜，當然更盼望給我指教。

孫　康　公元二〇〇七年二月於台北市

我和定敏攜手走天涯

康莊紀遊　目　錄

笑看星斗樽前落

記不得是那條路去觀音山了，在路上看到一家庭院，用青石砌成的大門上，嵌有一塊石刻的：「笑看星斗樽前月」，多麼富有詩意；又多麼浪漫瀟灑呀！相信主人愛酒又愛夜。

觀音山位於台北縣五股與淡水之間，山形非常俊美，從淡水方面來遙望更是令人執迷沉醉，幾乎所有的畫家都曾對其寫生，描繪它的身影。

半世紀前，我從南部來台北任職，由於那時單身尚未成家，每逢假日，

半世紀前我在一家庭院門前

有好多次，不是從五股方面攀登此山，就是從陽明山去淡水遙看觀音山、畫觀音山，與觀音山結了很深之緣。

去觀音山要經過一條硬漢路，顧名思義，就知道這條路一定是非常陡峭，要付出一些腳力的，在硬漢路上，還有一座硬漢碑以及硬漢門，在硬漢門上的一副對聯：「走路要找難路走；挑擔要揀重擔挑。」特別有意義而值得深思，相信撰寫這副對聯的人，一定有非常豐富而堅毅的人生閱歷。

硬漢路上的硬漢石

觀音山上有一座廟宇，我第一次達到山頂正在觀望四週的景色時，不意之間，忽然有人在拍我肩背，使我非常訝異，回頭一看，竟是一位身著袈裟的和尚，再定睛一看，原來是幾年前在南部住醫院養病時，一位平日經常嘻嘻哈哈、萬事都不太認眞的患

硬漢嶺上一副對聯：走路要找難路走；挑擔要揀重擔挑。

友，問其「何以看破紅塵遁入空門？」渠笑答：「出家人不打誑語，說實在的，在山下沒有本事與你們這些漢子相爭，謀生不易，不得已，只好躲到山上來，混口飯吃。」幾年不見，本性未改，依然一派瀟灑、嘻嘻哈哈，選擇了他自己想走的路。

硬漢碑前

阿里山上觀日出

民國四十一年（一九五二）的秋天，我去南部嘉義灣橋養病，從嘉義北門到灣橋，是坐阿里山林場運木的小火車，小火車以運木材爲主，掛了幾個木製的車廂也順便供人坐。那時各地都落後，坐小火車的人更是非常少，每趟都是稀稀落落的幾個人，我在灣橋住院有好幾年，每天都會看到或聽到那輛渦輪式的小火車，冒著濃煙從灣橋經過，發出塔塔的聲音，阿里山雖然是名勝地區，但那時大家都窮，去阿里山遊玩或觀光的人極少，住院的我們更別說了。直到民國四十八年（一九五九）我到台北任職後的第二年，我們服務的單位舉辦去阿里山團體旅遊，我才有幸上山。

我們單位去阿里山是向阿里山林場交涉，掛了一節專車車廂，才有座位可

阿里山神木高35公尺，樹齡三千年惜因遭雷劈現已損毀。

坐，沒想到火車到了中點站的「奮起湖」，大家下車觀看風景後再回到車廂時，原來座位都被另一個團體搶佔了，因而大家起了爭執，紛紛向領隊王茂山先生反應，請求向對方交涉，討個公道，沒想到王先生知道後，並沒有向對方交涉，反而開導大家說：「外出旅行要一團和氣才會愉快，座位大家輪流坐也沒有什麼不好。」於是一場爲搶座位的紛爭迅而平息。對方看到這種情形，也順便向我們道歉，以後在阿里山大家也成了很好的朋友，這就是一位領導者處理事情的圓融手法，現在想想，還是感到敬佩和欣慰。

13 阿里山觀日出

初到阿里山，首先看的是神木、三代木、姊妹潭，第二天一大早起床摸黑去看日出。大家興奮好奇又期待，當那顏色一變再變、跳躍式的太陽破雲、破黑暗而出，大家鼓掌，大家高聲歡笑、這說明光明還是人人所期盼的。

三代木前

橫貫公路留履痕

民國四十七、八年（一九五八、九）的春節，公家有幾天放假，那時因爲我尚未結婚，沒有家庭負擔，因而一個人跑到東部花蓮去旅行，並轉到橫貫公路的太魯閣附近去寫生。當時中部橫貫公路尚未全線通車，非常幽靜，一個人在高山深谷、澗泉飛瀑之中漫行，頗有遺世獨立之感。

依著東部原住民（那時稱叫山地同胞）的風俗習慣。他們是不過春節的，因而在深山中，偶爾

橫貫公路絕岩峭壁

公路局慈恩站

乘搭原住民的牛車

還可以看到他們做工，承他們的好意，還讓我坐他們的牛車代步。

回到旅館，才發覺也是山地同胞的老闆，雖然不過春節，但也隨俗舉辦除夕烤火聚餐，並熱情邀請我入座，並說明因爲春節期間，我的住宿費也免了，這份人情使我非常感動，想到依著民俗應該給小孩紅包的，於是又跑到公路局太魯閣站要了五個紅包，五位在場的小孩每位十元，比當時的旅館住宿費二十元還多了一倍多，這就是人情嘛！

天祥附近之景色

東西橫貫公路，經過榮民員工辛勤施工，終於克服了艱險困難，民國四十九年（一九六〇）四月通車了，由於我的職務關係，又由於我們單位有福壽山、武陵、西寶農場及梨山賓館在橫貫公路之中，因而我就多次前往了，有一次我還與好友司馬青雲兄從天祥走到太魯閣，徒步走了四、五個小時，四週是萬山環抱，青山翠谷，呼吸著新鮮空氣，有時輕鬆的談話，有時引吭高歌，沐浴在大自然的景色中，實在是人生一大享受。

東西橫貫公路穿山越嶺

鵝鑾鼻燈塔前

台灣最南端的鵝鑾鼻

鵝鑾鼻位於台灣的最南端，屬於屏東縣，地近亞熱帶，四季如春，椰風蕉雨，碧海白浪，每次往返，心情就有無比的振奮。

在鵝鑾鼻有一座遠東最大的燈塔，燈塔建於清光緒八年，當時投資白銀四十萬兩，民國十四年重修，燈光遙射二十海浬，爲航行巴士海峽船隻之重要指標，

鵝鑾鼻燈塔

灣南部之村落

登塔可望菲律賓北部之無人島，海天一色極爲壯觀。

早年我每次南行，都曾前往欣賞海景，尤其沿海邊步行看到海邊被無數風沙、海浪等不斷衝擊的岩石，雖然百孔千瘡而仍屹立不搖，就有多方面的啓發感悟，我們人也應如此，無論處於任何惡劣環境之下，也必須振奮，勇往直前，不可受到一時之挫折，而灰心氣餒，堅毅二字是必須記在心頭的。

海邊岩石屹立不搖

回首灣橋

五十年前我在嘉義灣橋醫院養病，灣橋是從嘉義到阿里山所經過的一個小村，幾十戶人家，靜靜的，醫院在一個小山坡上，雖說是養病，但院方並不怎麼嚴謹，我們仍然有許多的自由活動，近的是到灣橋村附近的吊橋散步，或者坐在橋下河道亂石中靜坐看天上的雲彩；要不，就過橋到一座寺院中閒逛，那座寺廟院內栽有多株桂花，每至花開，清香撲鼻，寺中有一位和尚，時常帶領兩位女尼唸經，一些喜歡開玩笑的患友常問和尚一些不三不四的話，那位和尚也不生氣，只是笑笑打發了事。

我在灣橋吊橋上

到遠的地方去遊玩，那時我們還沒有旅遊這樣文雅的名詞，有梅山、西螺大橋、白河仙草埔、關子嶺等地，由於沒有足夠的經費，差不多都是當天去當天回，當時最大的

當年我與好友司馬青雲（右）
梅山時留影

享受，就是去嘉義市，先到「六春茶室」泡一杯茶，吃吃花生、瓜子，吃飽後去看一場電影，中午一碗陽春麵、加一杯紅露酒和半個鴨頭，這樣折騰了一整天，雖然僅化費五塊錢，但那卻是我所能負擔的最大額度。

儘管是這樣不對稱的條件，但我遊興並不因此而稍減，仍然是東奔西跑，你說是走馬看花也好，或者說無聊到處逛逛也罷，或者說年輕不知愁，但每當回首，總覺得走走看看消除住院的煩心和寂寥，還是蠻好的。

灣橋原是一個典型的小農莊，農民種植僅是菸葉、甘蔗，如今卻是蓮霧、甜橙名出產地，可見農業改良立了大功。

離院多年後回到灣橋小火車站留影

宜蘭棲蘭山上

苗栗獅頭山上

攜帶畫夾找靈感

我的好友張振忠兄在描述我們的幾位朋友一篇文章中說：「這幾位老兄共同的癖好，出門必攜畫本——一個講義夾和一支鉛筆，似乎不如此，不足以顯示『身份』，對此，他們的說詞是『捕捉靈感』，靈感確也因偶現的妙人妙事，而速寫入册。」

這段描述，極爲傳神，在那青黃不接的年代，我自己也是如此，無論個人外出，或參加團體旅行，總是一本畫夾在手，爲什麼如此？年代久遠了，一時記不起來，說「顯示身份」，我想是振忠兄心存仁厚，不說我們「裝模作樣」、「裝腔作勢」就很好了。

想想看顯示什麼「身份」呢？那時我們出院不久，才謀得一個小小的職務，沒有傲人的學歷，更沒有任何錢財，最大的理由，應該是那時大家都年輕氣盛，還有一顆上進的心，再加一點自卑反射的自傲，表示我們是「文化人」，文化人的品味就是我們不粗俗嘛！

至於說「捕捉靈感」，多少也是自我高格化，本身沒有深厚的學養，那來靈感；不過那時我們都很年輕，所見所聞有限，所從事的職務也是低層，幾乎沒有任何條件的環境之下，還能有那麼一點不自怨自哀的志氣，也就很不容易了。由此也可以得到一個結論，就是環境不好，自己的心情不能不好，心情一好，就會有希望。

苗栗吊橋上

太魯閣狹谷

千里姻緣一線牽

民國五十年（一九六一），中央舉辦各部會文化觀摩，以提昇文化素養，活潑公職人員的生活，所謂文化觀摩，大多偏重於歌唱、舞蹈及話劇等之表演，那時我在服務單位承辦此項業務，有時率領文化工作隊前往表演，有時單獨前往觀摩，有一天輪由交通部電信局演出，第一位出場的是歌唱，一位叫馮定敏小姐唱了一首「杯酒高歌」，我之所以記得如此清楚，一方面這位小姐著電信局制服，落落大方儀態從容，另一方面歌聲嘹亮，當時暗想電信局竟有如此漂亮小姐，而歌又唱得如此好，但由於那時我的職位低，兩個單位又沒有業務來往，也不敢奢望，只是留有一個很好的印象而已。

定敏參加文化觀摩歌唱時留影

二年之後，在從未想也從未預料到的一個機緣到了，不勝欣喜，眞是「離別又

野柳海邊

相逢，稱名憶舊容」，這不正是二年前心儀的那一位電信局小姐嗎！俗話謂：「山不轉，路轉；路不轉，人轉，人不轉；心轉。」實在言之有理。

自此以後，就不斷的邀約，星期假日、花前月下，新公園、碧潭、陽明山、野柳，都留下我們的足跡履痕。經過二年的誠摯交往相處，終於「有情人終成眷屬」。

陽明山郊遊

定海方服務的基隆電信局門前

民國五十三年（一九六四）二月十四日孫康攝影

馮定敏所寫的如意

民國五十四年（1965）新婚於花蓮鯉魚潭

蜜月旅行到花蓮

花蓮都市美，鄉村更美，它的美是山青水綠，是自然、寧靜、祥和；更是樸實、親切，令人喜愛。每次到花蓮都有新鮮而不同的感覺，因此，我與定敏結婚之後的蜜月旅行，就選定到花蓮。

我和定敏於民國五十四年元月三十日舉行結婚典禮，由當時輔導會主任委員趙聚鈺先生證婚，李濼鋆及解傳禮二兄擔任介紹人，那天是春節除夕的前一天，結婚當夜有幾位同事吵著要鬧新房，特別趕到基隆，說鬧房是藉口，實際上是去玩牌打梭哈。記得有李鳴、唐林泉等五、六位。第二天清早，天剛要亮，而牌局正濃，但我顧不得他們，即搭乘公路局班車經蘇花公路去花蓮，到達花蓮之後因爲正值春節，免除了朋友之間的相互拜年，以及年節生活上的張羅，充份享受了寧靜而甜美的婚假生活。我們除了分享花蓮市民的快樂，也去附近的一些名勝地區遊玩，其中有東大林場、鯉魚潭風景區，出乎意料之外，在去東大林區路上，遇到了失去聯絡多年不見的好友蔡玉玲兄，並承他熱情邀約到他府上享受了一頓豐盛的晚餐。

在花蓮玩了四、五天之後，我們又經過東西橫貫公路去台中以及嘉義，拜望好友劉哲基、杜仁傑二兄及他們的家人，除了接受知友的祝福與盛情款待，並與他們分享新婚的快樂時光。

定敏與同學好友宋月英小姐
於東西橫貫公路入口處

山梅花樹下

水光山色石門水庫

石門水庫位於桃園龍潭東南隅，湖光山色全國馳名，爲遠東最大規模水庫，風景區觀光景點可連結十幾處。有綠蔭成林的大小公園、步道水壩、環湖遊艇等。週圍風景秀麗，無與倫比；集發電、灌溉、防洪、飲水、觀光多重功能。壩頂爲水庫觀光中心，可縱觀寬廣的湖面、大漢溪河階及池灑的桃園台地。

從停車場下方碼頭乘船遊湖，感受乘風破浪的快感，或恣意隨波輕泛的浪漫情調。大壩爲水庫最雄偉的景觀，最大洩洪量每秒一一、四〇〇立方公尺，每逢大雨，總有大批雅客欣賞洩洪的壯觀場面。沿環湖公路遊目騁懷的是

石門水庫紀念碑前小坐

綠蔭和綺麗景緻、保持完整的林相，茂盛的林木，爲石門水庫粧點出多采多姿的四季風情。

民國四十七年（一九五八）石門水庫興建期間，我服務單位每週一都會邀請一位石門水庫興建總工程師到我們單位作專題演講，演講的內容並不是工程方面，而是有關人生修養，尤其是述說石門水庫建設委員會執行長徐鼐先生如何與工人相處，對粗暴工人之誤解如何說服情形印象深刻。

石門水庫噴水池前

事隔數年我與定敏結婚第二年，長子少懷出生後，我們參加了我服務單位所舉辦的石門水庫之旅，作浮生半日閒，到了石門看到水光山色，身心頓時感到無比的輕鬆愉快。

定敏於石門水庫大壩

碧海藍天澎湖遊

藍天、白雲、碧海、黃砂，這是澎湖給人留下共同的印象，再加六十四個島由於都是玄武岩極爲珍貴，因而最近被聯合國列爲世界級的景點。我第一次去澎湖是四十六年前，民國五十年（一九六一），那次是會同其他單位去考察澎湖地方的民情，我們曾走訪許多民宅，與基層民衆座談，發現民衆最需要、最急迫解決的是供水問題，回來後分別向有關單位反應，請其儘快設法解決。當時有人建議可否爲

澎湖全島都是玄武岩極爲珍貴

了繁榮地方，於離島設置賭博場所，因爲關係社會風氣和治安的重大問題，我們並未同意，也未轉達。

第二次是二十年前，民國七十五年（一九八六）我們水彩畫會，應澎湖文化中心之邀請，前往寫生並舉行水彩畫聯展，這次我們曾分別到各離島去訪問，有無人島、姑婆島、木斗島、漁翁島、望安島、吉貝島等，在各島都曾看到海鷗優美的翱翔以及勇猛下墜抓魚的快速與狠準，使我想到大自然之生態有其一定的定律與法則。而在無人島看到的儘是黃砂與碎石，在海風強勁吹打、烈日照曬，而幾乎又是長年缺水下，但仍然有綠嫩的小草在碎石縫中一片一

海藍天白沙澎湖灣

沙灣之民間石屋

片的冒出，其堅韌不屈的生命力，令人喜悅與感佩，由此可以體悟到，無論在任何惡劣的環境下，只要不屈服，不氣餒，立定目標而奮鬥不懈，就依然會有出頭成功的一天。

海天一色任我游

澎湖海景（水彩畫・孫康作）

海上長城——金門

滄海波濤，勁風嚴霜，融合堅強陽剛與樸拙、古雅、自然的氣質，歷經多個朝代的牧馬、避難經營、戰爭與文化的洗滌，金門已成爲舉世著名的一座島嶼，又名海上長城。

金門舊稱「浯州」，明朝改稱爲金門，屬福建省同安縣，民國四年（一九一五）始設縣治。

金門大街之貞節牌坊

金門與我結緣，應該很深，因爲幾十年來，每天都會喝杯金門所產的「白金龍」高粱酒。與朋友相聚，更是不可無此君。民國七十六年，我們慈暉畫會應邀前往參訪，原訂行程爲四天三夜，後因氣候變化，陰雨綿綿，飛機無法起飛而多延兩天，因而在金門的參觀就特別廣泛，無論莒光樓、太武山、海印寺以及金城、市街、山外、金門酒廠、陶瓷廠、花岡石醫院、古崗湖、民俗文化村、朱子祠等均一一留下極爲美好的印象：尤其海印寺的兩副對聯最具禪意：其一：「海日照靈山觀世觀音觀自在；印巖參法相是空是色是如來」。其二：「出家何必入山中，今古時潮盡不同；悟到娑婆即淨土，遊戲人間樂無窮」。

在民俗文化村中的武館有八段錦的圖說，對人之養生健身頗有意義：一、兩手撐天理三焦。二、左右開弓使射

上圖爲朱子祠　下圖爲海印寺

民俗文化村之牌樓

雕。三、調整脾胃須單舉。四、五勞七傷往後瞧。五、搖頭擺尾去心火。六、背後七顛百病消。七、攢拳怒目增氣力。八、兩手攀足固腎臟。

金門之民房

北緯三十八度線

遠在一九四五年，由於第二次世界大戰列強的介入，將朝鮮北島一分爲二，以三十八度爲界，界線以南簡稱爲南韓（大韓民國），界線以北謂北韓（朝鮮）。自此以後，北緯三十八度線，就與柏林圍牆、台灣海峽一樣，不僅是一個地理上的名詞，而且也永遠是一個具有特殊意義的歷史名詞。

及至一九五〇年，不幸發生了慘烈的韓戰，直至一九五三年經聯合國協調，於板門店簽訂停戰協訂，重新以北緯三十八度爲界，結束了南、北兩方的敵對，因而三十八度線，又重新受到世人普遍的重視。

1987年六月赴韓國漢城舉辦畫展時，蕭紀書（左二）宋建業（左一），我（右一）與韓籍夫婦（中）於拜望壇合影

民國七十六年（一九八七）的六月二十五日，我們慈暉畫會應邀赴漢城舉辦七人聯展，七月一日畫展結束之後，我與蕭紀書、宋建業二兄抽空前往這曾經讓全世界注目的板門店參訪，有關單位爲著安慰南韓思念北方親友，在三十八度界線建了一座「拜望壇」，那天我們前往參訪時，適遇一對韓籍老夫婦，也來拜望，並與我們一同合影留念，由他們的神情與衣著來看，可以體會出他們心情的沉重。

四年之後，民國八十年（一九九一）十二月十日，由韓籍義

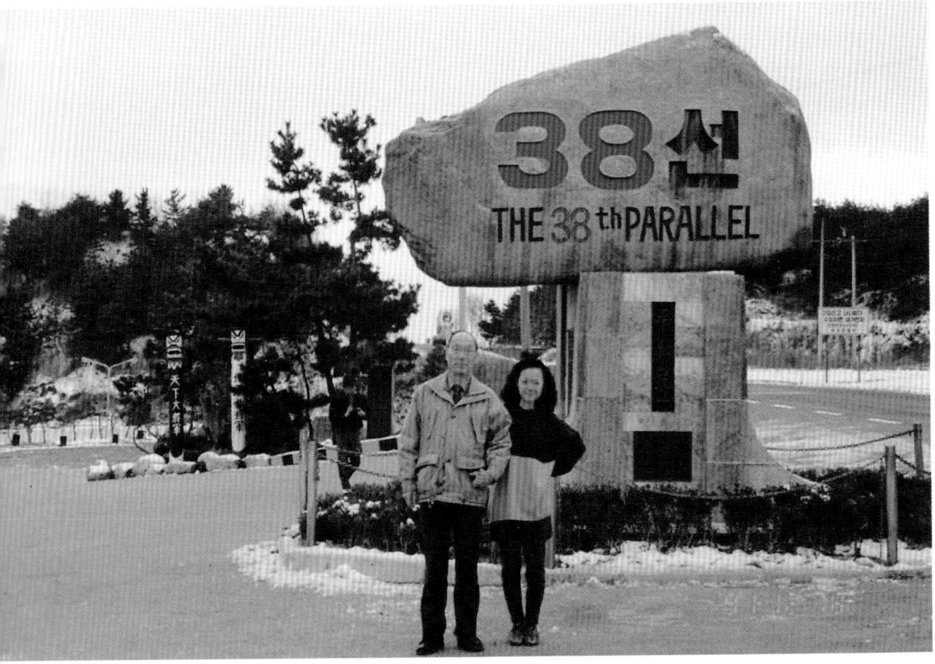

1991 年 12 月與韓籍義女南銀亭遊罷雪嶽山，回漢城途經北緯 38 度標誌下車留影

女南銀亭及與她剛完成訂婚的李光洙陪同遊罷韓國名勝雪嶽山回漢城，途經三十八度線一座紀念地標時，也特別下車留影，當時心情感觸頗多，有一股莫名的情緒充塞體內，心想世人爲何在此一地球原劃分的一條界線，使它變成另一個不同意義的界限呢？如果是爲避免戰爭，那麼人們又爲何發動戰爭呢？實在值得全人類反省與沉思。

定敏所寫之書法

韓國慶州的佛國寺

韓國古都慶州

從漢城南行去全州或釜山，中途會看到一群一群、與其他地區不同的灰頂白牆房舍，那就是韓國古都——慶州。

到韓國參訪或旅遊，慶州是一個非常重要的景點，絕不可忽略，因爲它從紀元前五十七年到公元九百三十五年，長達一千多年就是新羅王朝，從三國時代到全國統一，慶州就是國都。

慶州不僅是韓國的古都，更是藝術遺作和文物、古跡最豐富的地方，幾乎到處都是一千多年前留下的古剎、古堡、宮殿、石塔、王陵、石碑等，韓國人自詡爲「沒有圍牆的博物館」，其中最著名的如「佛國寺」、「石窟庵」以及收藏歷史文物最多、最珍貴的「慶州博物館」。

我從民國七十六年（一九八七）起，曾有多次到慶州參訪，對該地之人文、風景、文物以及在那裡認識的朋友等都留下極美好的印象，使我最爲驚奇的是「慶州博物館」以及較大的幾個古墓群中，所展示的許多千年以前的歷史文物中所雕刻的文字，全都是中國字，足見我國與韓國的歷史淵源以及深厚的密切關係，值得兩國人民珍惜。

定敏於慶州吐合山之石窟庵

我在慶州天馬塚入口處

佛羅理達奧蘭多

這些年來我時常出國旅行，去的次數最多、住得最長的，應是美國最南部佛羅理達州的奧蘭多了，一方面因爲在奧蘭多我有兩家好朋友，其一是我小時候的同學張連桂、華桂蘭伉儷；另一家是患難知交劉哲基、蔡秀蘭兄嫂。另方面在奧蘭多附近有許多好玩值得觀光的地方，如明日世界、迪斯奈樂園、甘迺迪太空中心、錦繡中華、坦坡動物園等，而且氣候溫和，寧靜而祥和，治安良好。當然這兩家好朋友，環境好、居住也方便，更大的原因，他們視我如親兄弟、好朋友，彼此又有相同的背景，共同的談話話題。

我每次去奧蘭多，都會住上十天或半個月，兩家輪流住，雖然時間很長，但是一點也不感覺是過客，吃、玩是少不了的，有時還會去海邊釣魚、吃螃蟹，有時也去名勝地區度假，去公園看連桂兄教授太極拳以及去看現代舞，有時也會跟隨哲基兄去參加早餐聚會，教堂作禮拜，當然更多的是隨地寫生，結交一些新朋友，在那裡過得充實而愉快。

奧蘭多公園中的「中國亭」前

與劉哲基兄嫂（左一、二）於迪斯奈

參觀連桂兄教授太極拳及寫生後與友人合影

與連桂（左二）桂蘭（右一）合影

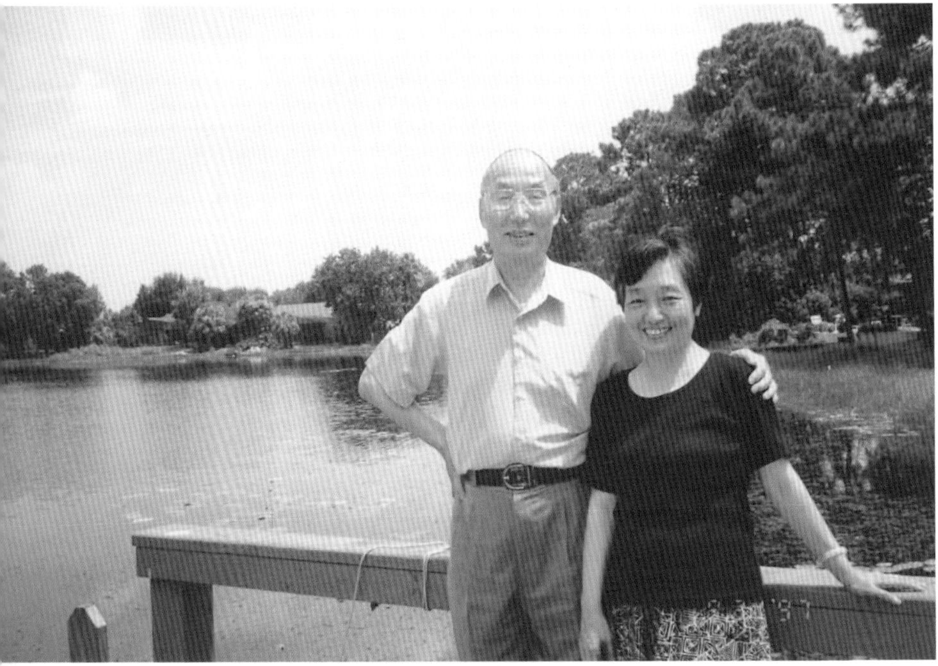

1997 年於連桂、桂蘭佛州奧蘭多家中湖邊

明日世界開眼界

美國佛羅理達州奧蘭多市中的「明日世界」，由於具有文化的內涵以及展望未來世界的遠景，因而各國觀光的人潮，絡繹不絕，無異它已成爲舉世最著名、最熱門之遊覽參訪定點。

佛羅理達奧蘭多市的「明日世界」

民國七十七年（一九八八）的五月，我第一次到奧蘭多，首先就由哲基兄嫂陪同並招待去「明日世界」參觀，由於它與迪斯奈樂園合二爲一，而且可以持續三天，因此票價非常昂貴，印象中一人票要八十多美元，對「明日世界」之所以留下了深刻的印象，不僅是那些造型別緻、雄巍多樣式的建築物，而是它將人類起源、演化以及未來，利用現代的科技，把它有系統的展示出來，使觀賞者產生一種震撼而空前未有的衝擊與新的理念。

除了這些基本的建築物，還設有錯縱複雜、爭奇鬥勝、造型美好的各國館，中國館係採用北京的天壇模樣，其內所放映之多媒體電影，不僅介紹了中國秀麗的山川，歷代的偉大建築，還有中國優美的文化、書畫、詩文，特別強調了歷史的悠久，文化的燦爛。

對未來世界有關人類的生活，在農業的發展與進化方面，也有實物的展示，而特別引起參觀者的興趣與好奇者，無論豆角、茄子、黃瓜乃至玉

各國都在「明日世界」設館，吸引了眾多人群參觀

米等，經過採用新的培育方式，其生長與現時的竟大了好多倍。

此外，還設有熊貓的展示，最近幾年大陸送熊貓給台北市的事件，沸沸揚揚！吵了好久，而我早在二十多年前在「明日世界」就已看過，那肥肥圓圓帶有稚愛的模樣，的確讓人喜愛不已。

中國館内的天壇造型

於「熊貓館」出口處

甘迺迪太空中心

甘迺迪太空中心

甘迺迪太空中心，位於佛羅里達州的南部，介於大西洋及墨西哥灣之間，距奧蘭多市約近二個小時的車程，太空中心爲紀念美國故總統甘迺迪而立名，但其舉世聞名最主要的原因，還是因美國發展太空計劃，發射多次太空船，尤其是太空人阿姆斯壯首次登陸月球所說那句話：「我在太空只是一小步，卻是整個人類的一大步」而永遠深植人心，目前什麼太空船、太空梭、太空艙、太空站、太空人以及太空火箭等，世人均已耳熟能詳。

我曾兩次前往太空中心參訪，第一次是一九八八年的五月由居住在奧蘭多的劉哲基、蔡秀蘭兄嫂陪同，第二次是一九九五年九月，我去紐約看望在普萊特學院讀研究所的兒子少懷、兒媳惠萍之後，去佛州看望老朋友，少懷、惠萍陪同前往，由於他倆係初次來佛州，因此我的老同學張連桂兄特別安排，並駕車載我們再去太空中心一遊。

太空中心，佔地極廣，除設巨型火箭發射台、控制中心、多次火箭推進器外，並設有旅客接待中心、歷次登陸月球及太空飛行之實物圖片展覽室，以及備有專用遊覽車，供遊客參觀其中各種設施。

與張連桂兄於太空收訊站

於登陸小艇留影

與少懷、惠萍於太空中心

奧蘭多公園寫生水彩畫（孫康作）

世界第一大都市——紐約

紐約的確是世界上第一大都市，有人說紐約的一年變化，比其他大都市十年的變化還要大，因此，要求新求奇的人，留在紐約最適切。

我與定敏第一次去紐約，是民國七十七年（一九八八），那次由在紐約港做神父的好友苗廣榮兄接待，並介紹我住在美人愛達女士家中，有一天愛達對我說：她想買我一幅水彩畫送給她的女兒，我住在她家又接受她的美食款待，怎麼好意思收她的錢，於是說送給她，她聽後高興得除了立即拉下自己帶的項鍊送給定敏，並抱住我猛親吻，使我有點措手不及，這是剛到紐約一段趣事。幾天之後，就由在電訊業任主管的好友吳章凱、邵保嶠賢伉儷接待，由於係初次，因而最著名的

遙望自由女神像

名勝如紐約自由女神像、曼哈頓第五大街、以及以後九一一被炸掉的雙子星大樓、普理斯頓大學、現代美術館等，都一一看過，第二次是七年之後的民國八十四年（一九九五），因我的兒子少懷與兒媳黃惠萍在普萊特學院唸研究所，就住在他們處所，這次，遊覽和參觀了中央公園、格林威治村、大都會美術館，邵保嶠及她的朋友們的畫展以及具有濃厚藝術氣氛的蘇活區，還到百老匯看了一場「西貢小姐」歌舞劇，與到普萊特學院畫模特

由好友邵保嶠小姐（中）陪同遊紐約港，後爲雙子星大樓

定敏於雙子星大樓樓頂俯看紐約

是到華人聚衆的法拉盛地區，在那裡可以吃到比國內還可口的豆漿、燒餅油條及鴨梨、大白菜。

兒，坐了一次三天巡迴全市各景點的公共遊覽車。

在紐約一個多月期間印象最深刻的，一是去畫模特兒，那些模特兒都是西方白人美女，但都非常認眞敬業，一坐或站幾個小時，毫無倦容，對自己的職業非常自我尊重。第二

紐約觀光公共汽車

哈德遜河

繽紛燦爛長木花園

花象徵著生命、象徵著愛情，更象徵著蓬勃的青春活力，它為這個世界帶來美麗的顏色、閃亮的陽光、燦爛的笑容，使人生感到溫馨和希望。

一九八八年的五月，正是百花盛開的季節，我前往居住在美國紐澤西州的好友吳章凱、邵保嶠伉儷家作客，邵小姐曾是我多年在台北的同事，她與章凱兄移居美國後，從事電腦科技工作有年，均有非常優異的成就，多次邀請我前往作客，終於實現，知友重聚，格外感到溫暖。

作主人的章凱兄及保嶠，在百忙中曾陪我登臨紐約雙子星大樓，也參觀了高舉聖火的自由女神銅像，以及普林斯頓大學、現代美術館，繁華大樓高聳的第五街之後，仍要選擇一處具有一般不同的名勝讓我開開眼界，

長木花園管理大樓之前

花團錦簇

於是放棄了大西洋賭城而去開車兩個多小時才到的長木花園。

原想一個花園應該不會怎樣新奇，到了之後，才發覺這個花園眞是不同凡響，不僅園地遼闊，樹木、花卉繁多，而且無論培育、栽種以及展示都令人耳目一新，見所未見。用「百花齊放」、

定敏與保嶠小姐（左）於長木花園

「萬卉鬥艷」「花團錦簇」均不足以形容其美其艷麗，真是令人目不暇給。

長木花園之一

參觀人員於長木花園觀賞表演

參訪波士頓

民國八十年（一九九一）五月，我赴美訪問之前，接到分別多年居住在波士頓、初中時期的同學朱寶樑兄來信說，波士頓無論人文、歷史乃至景物，在美國都有其特殊的地位，值得參訪，你的美國之行，此站是不能不列入的。

五月二十九日，當我由紐約飛抵波士頓時，寶樑兄及我尚未曾謀面的朱大嫂在機場迎接我，朱大嫂來自北京，雖然是初次見面，卻是一見如故。

寶樑兄的寓所，是一座獨立式的三層樓房，整理的非常整潔、雅緻，物品更是井然有序，使一向散漫零亂過生活的我，一方面羨慕他

於美國獨立紀念碑前

夫婦兩人何以有如此能耐？一方面起居特別小心，深怕有失作客之道。

由於寶樑兄嫂都是上班族，除了星期假日及休假陪同我去科克地區參觀美國獨立戰爭紀念館及英雄銅像和文物、風景以外，平日他們上班時，即順便開車送我到長春籐（哈佛大學）校園或查理河畔寫生、逛街、參觀，下午下班時再到約定地點來接我，過得非常悠閒、自由自在。我在長春籐校園寫生時，都有來自中國大陸及香港的留學生在旁參觀，我們坐在樹蔭下，一面繪畫、一面聊天，非常愜意，只可惜我的畫筆不聽使喚，畫的非常糟。

於哈佛大學創辦人銅像前

定敏與朱寶樑兄嫂合影

華僑最多的舊金山

舊金山是一座美麗的城市，也是國外華僑最多的一個城市，更重要的是它與我們中國淵源最久、最深。

我曾兩次去舊金山，第一次是民國七十七年（一九八八）的六月，我從美國東部的波士頓到舊金山，由住在聖荷西蕭紀書大哥的女公子惠惠小姐接機，並住在她家。那次僅是走馬看花式的參觀了舊金山的市區、漁人碼頭、金門大橋及金門公園。

第二次是民國八十六年（一九九七）由洛杉磯搭乘

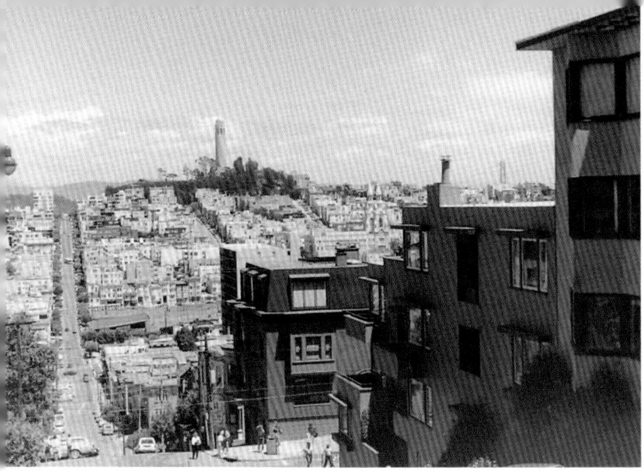

舊金山是一座山城

1988 年第一次去舊金山於金門大橋

灰狗巴士前去舊金山，由攝影名家、在舊金山擔任「美洲・亞洲藝術學會」理事長的郭儀兄接待，並安排住在資深新聞工作者葉莉莉小姐家中，這次住得較久，由六月三日到七月十九日一個半月，並在舊金山參加了許多藝文活動以及與住在當地的許多老朋友聚會，並由於新聞報導我的活動，而得以與失聯多年忘年之交的吳健雄世侄取得聯絡。

舊金山雖然是個山城，但交通極爲方便，由於華人衆多，一句英文不會講，也不會有什麼麻煩。

在舊金山最令人感到興趣的，畫展、攝影展、書法展、粥會、演講會、舞龍舞獅等都受到重視。七月九日，我應邀在「美洲・亞洲藝術學會」發表繪畫心得報告——「談

全世界僅有、最著名的電車在舊金山市區，廣受觀光客歡迎

中西繪畫之比較與融合」，參加與會的人士，均為海峽兩岸及當地著名畫家，其中包括主持人我的好友郭儀兄、匡時大師及金師圃將軍與陳霖伉儷、吳厚珍先生、葉莉莉小姐與她的母親余致德大書法家等。當地各大報紙如世界日報、星島日報、金山時報，及中山報都予以大篇幅圖文併列報導，這是在任何都市都很難得做到的，在台北市連想也別想。

於 17 里海岸風景區

定敏與蕭惠惠小姐及其子女於舊金山花圃

1997 年第二次赴舊金山時，應邀赴「美洲・亞洲藝術學會」作專題演講後與部份友人合影

與住在舊金山的吳大嫂（右二）、及吳健雄先生夫人（左）及吳小妹合影於十七里海岸風景區

海洋世界聖地亞哥

民國七十七年（一九八八）的六月六日，我和定敏由舊金山搭機赴聖地亞哥，此行主要目的是去看望多年不見的老同學張連桂、華桂蘭（她的本名爲鄧連芳）伉儷。當然也有旅行觀光的成份，他倆在那裡經營飯店，工餘也教授太極拳，承他倆安排住在他們店附近的一家汽車旅館，據說由於他們生意的往來，這家旅館是免費招待的。

當晚連桂帶了一瓶名酒及幾樣小菜來看我，兩人對飲至深夜，談往話今，也談個人及國家的處境，

與老同學張連桂兄於他經營的飯店門口

定敏於海洋公園門前

感觸良多。

在聖地亞哥的幾天中，除了去參觀舉世聞名、人山人海、海豚驚奇表演的海洋公園之外，也去公園寫生，在寫生時，有幾位在公園散

95年二次前往聖地亞哥海港

地亞哥海洋公園海豚表演之盛況

步的小姐，很有禮貌的先徵求我的同意，可否允許在我的身旁看看？由此看來，她們均有很高的人文素養以及對繪畫者的高度尊重。

在公園內，除了設置有圖畫館、花圃長廊等之外，最令我發生興趣的是有一「藝術村」，將數十位畫家的工作室集中在一起，供人參觀或買畫，這眞是一個不錯的做法，一方面可以提高繪畫者自我表現的機會，另一方面也可以使畫家們相互切磋觀摩。

一九九七年的五月，我和定敏住在洛杉磯華人聚集的Monterey Park，由於距聖地亞哥不遠，曾於五月廿四日，再度前往巡禮，所看到的與前次有很大的不同。那時連桂與桂蘭已移居佛羅理達的奧蘭多。

於聖地亞哥藝術村

音樂之都維也納

到維也納去旅行，是應居住在維也納，名水彩畫家好友王舒兄嫂之邀前往的。民國七十七年（一九八八）的五月十五日，經由曼谷轉機到達時，天尚未亮。在維也納逗留分兩個階段，第一階段是前七天，第二階段是去巴黎旅行後再回到維也納玩二天，前後共九天。

維也納市政府前

維也納在全世界各大都市中，應是最有氣質、最有文化的一個都市，風景美不在話下，人文觀念、社會秩序、人群祥和、治安良好都成爲特色。

環城觀光列車，史特勞斯公園每晚都有露天圓舞曲音樂演奏。任何人都可以觀賞或下場跳舞，以及具有悠久歷史的衆多大教堂、宮殿等，都令人稱讚嘆爲觀止。郊區富有藝術造型的許多著名音樂家的墓園、森林以及沿途所設酒香撲鼻的酒館，在在透露著藝術氣氛的特質。

維也納的甜點、冰淇淋舉世有名，讓人一吃再吃欲罷不能，還有每屆黃昏時節，幾乎所有的商店均打烊，但卻佈置得美侖美奐，像一幅一幅耀眼的油畫，人們都很優悠的坐在街上的咖啡座或酒館，享受著寧靜、美好的夜晚生活。

對錢幣的愛護及維護，也是一大特色，所有市民用紙幣都把紙幣整理得整潔，而正面與反面都毫不錯亂，像剛使用的新鈔一樣。

於維也納玫瑰花園

定敏於維也納一公園

於多瑙河畔巧遇大陸畫家趙大陸及她的夫人（右一、二）左為張文忠兄

維也納市郊貝多芬及莫札特之墓園

維也納寫生水彩畫（孫康作）

匈國首都布達佩斯

布達佩斯是中歐匈牙利的首都，粗看起來還以爲像其他國家一樣只是一個都市，但它卻不同，而是布達和佩斯兩個城市組合而成。雖然兩個城市中間被多瑙河相隔，但並未受到影響。

一九九〇年我前往旅遊時，匈牙利尚未開放，對於前往的旅客審查極爲嚴格。我入境時，不但檢查哨的人員荷槍實彈、一臉嚴肅，除了左看右看上下打量，還把護照翻來翻去，不斷的打電話向有關單位請示。陪同我前往的奧籍導遊兼司機對我說，看樣子恐怕入不了境啦！好在折騰了近一小時終於放行。

到達匈境仍然看到許多斷牆殘壁，彈痕纍纍。據說是蘇俄入侵匈牙利時，發生巷戰所留下的痕跡，足以說明該國也曾遭遇戰亂，而不得不加以小心謹愼防備。

於布達佩斯英雄廣場

當年雖然匈牙利人民較爲艱困，但街道卻極遼闊而整潔，建築宏偉，如許多紀念碑、大教堂、古堡，尤其被他們國人最感驕傲的英雄廣場，均造型優美，氣勢非凡，爲全世界所僅見，看得出匈牙利曾經爲奧匈帝國，也是一個文化深厚的國家。我曾利用機會前往市場參觀，看到許多的市場基層人民，亦如我國一樣，勤勞而純樸，和藹可親值得尊敬。

雄紀念碑

定敏於多瑙河畔，背後爲匈牙利國會大廈

於布達佩斯飯店進餐，右一爲意大利足球員，
左爲奧人導遊兼司機，右二爲張文忠兄

匈牙利多瑙河風光（水彩畫・孫康作）

士琉森湖畔遠眺

瑞士琉森遊湖

民國七十九年（一九九〇）的五月，採自助式旅行方式去歐洲旅遊，本著「出去玩嘛！走到那裡算那裡」，路是人走出來的心情，大而化之自由自在，不太注意目的地，也不預訂飯店或旅館。再加在台北就買好了歐洲聯營票，無論搭乘火車、公共汽車及遊輪，都不需再去買票，減少了購票的麻煩與手續。因此，「一票在手，有恃無恐」，說無恐只是自己壯膽而已，由於人生地不熟，再加語言上的障礙，內心還是有點心虛。

從奧地利的薩爾斯堡到瑞士琉森，再由琉森去巴黎，最後由巴黎回到琉森。儘管均是第一次造訪，但因遇到不少的善緣，因而並沒有遭遇到什麼困難。所謂的善緣，像在去琉森火車上遇到新加坡陳貴福先生全家，邀請我們在琉森住同一家飯店，以及在巴黎遇到新竹工研院青年工程師梁家瑛先生，他主動願隨同我們住同一家飯店，並帶路前往，因而住宿問題均迎刃而解。

瑞士琉森是一座很美的城市，尤其舉目四望均是湖光山色，更是令人目不暇給，我們在琉森除了盡興繪畫，乘車去湖間小鎮遊玩，並有兩次遊湖。一次是二小時的遊程，另一次是四小時，由於湖面清澈廣闊，水平如鏡，而湖邊沿岸所建築之古堡、教堂、別墅在青翠山脈濃蔭籠罩下，不僅造型別緻，而且古色古香。坐在床艙內或甲板上，藍天白雲與綠水紅花相映，輕風徐來，心曠神怡，不啻人間天堂。

定敏於遊輪上觀賞湖景

琉森遊湖輪船

而最感到溫馨難忘的，是有一天我在琉森湖畔寫生，有兩位慈眉善目的老太太，除了爲我多次鼓掌，並一直給予讚賞鼓勵，等我把畫完成，再三欣賞，雙方相互祝福後才離開，使我深爲感動，覺得兩位均已七十歲左右的老太太，如此對人尊重、散發愛心予人溫暖，實在値得敬佩和感念。

湖間小鎮後積雪處爲少女峰

琉森湖畔寫生作品（水彩畫・孫康作）

花都巴黎

民國七十九年（一九九〇）五月二十五日夜晚十時五十分，我和定敏及文忠兄、春慧小姐，由瑞士琉森搭火車赴巴黎，到達巴黎北站（據說巴黎還有東、南、西站）時，天尚未亮，寒風刺骨。

於巴黎凱旋門

巴黎市政府在車站設有服務中心，專門爲初到巴黎的各國、各種族人服務，幫助代訂飯店，有三星級的，也有五星級的。那天初到巴黎的旅行者，大約有好幾

塞納河遊船

百人，隊伍排得滿滿的，最令人著急的，是服務人員不急不忙，歐洲人一貫辦事慢條斯理的態度，輕輕的問，慢慢的解答和處理。

我們在巴黎住了四天，凱旋門、巴黎鐵塔、塞納河、協和廣場、香榭里拉大道等都是少不了去看的。至於羅浮宮、塞奧美術館以及龐畢度中心，那是我們去巴黎的主要目標，看了那收藏極爲豐富而珍貴的、絕世的藝術品，深感不虛此行。

任誰知道，巴黎被人稱爲花都，當然有其輝煌的條件，如寬廣而整潔的大道、建築物的雄偉和造型之多樣性，美食、藝術品，浪漫風情，但也有許多垢病，如地下鐵又髒又亂，嬉皮在車內到處亂跑，有一次還在車廂內放鞭炮，養狗、抽煙的人多，大街上男女、男男接吻，在塞納河邊睡覺司空見慣，騙子和騙的手法五花八門，這些騙子包括當地人、外國人，要去巴黎不可不慎。

定敏在塞納河畔

從巴黎鐵塔俯視巴黎市景

法國瑰寶羅浮宮

巍峨古殿，氣象磅礡，法國巴黎的羅浮宮舉世著名，爲世界各國千萬人所嚮往。再加由中國人貝聿銘所設計、華麗造型特殊中庭如金字塔型的進口處，更是氣勢非凡，由於羅浮宮佔地太大，收藏品又多又精，均爲稀世珍品，而前往參觀必須有所選擇，即便是有所選擇，也要採走馬觀花式，因爲可以看的，喜歡看的東西實在太多太多了，往往不僅使人眼花撩亂，目不暇給，而

於羅浮宮廣場大門前

且走得腿酸腰疼，好不容易出得館來，腦際卻反而一片空白，一無所記，我於一九八九年前往參觀時，在階梯間，就曾遇到兩位我國年輕的小姐坐在那裡，問她何以不看啊！兩位小姐搖搖頭說：「太累了。」

羅浮宮的鎭宮之寶爲「蒙娜麗莎的微笑」，一幅小小的畫，還特別放在一個用紅繩圍起來的特別地方，由於前往參觀的都不放棄一睹眞蹟的機會（該館從未外放），看的人太多了，使得每一個人想看也看不清楚，我是等到第一批人走後才擠到前面看個夠，也許觀察力不夠深入，也看不出像一般評論中所說她的笑容多麼神祕，多麼深不可測。

羅浮宮爲世界三大博物館之一，其餘爲英國大英博物館及美國紐約的大都會博物館。羅

定敏與張春慧小姐於羅浮宮進口處

浮宮原爲皇宮，一七九三年改爲國立美術博物館，其內分爲古代埃及藝術、古代希臘、羅馬藝術、古代東方藝術、繪畫藝術、工藝美術，二次世界大戰後，印象派繪畫集中在新建的印象派畫廊中，更吸引了衆多人前往參觀。

定敏於羅浮宮維納斯像前

羅浮宮內之畫

探幽尋古谷陽行

民國八十年（一九九一）的二月，正是春寒料峭的新春時節，我和定敏應邀參加了國畫大師我的好友李奇茂組成的「中原新春雅集」，要赴大陸作爲期半個月的參觀訪問，這是我從民國三十八年（一九四九）離開大陸四十二年之後，第一次重返踏進大陸，實在感觸良多，我們此行第一站是素有十里洋場之稱的上海。

我們在上海的幾天中，除拜謁了國父孫中山先生的故居，參加了奇茂兄在上海美術館的畫展開幕，以及兩岸書畫家座談、揮毫，參觀了城隍廟、玉佛寺、寶山大鋼鐵廠，還去了上海附近的松江縣谷陽鎮，拜訪大畫家程十髮先生，谷陽是一個非常美麗幽靜並擁有多項古蹟的古鎮，在那裡參觀了一座宋朝時期的方塔、歷史民俗館以及朱舜

松江博物館

水紀念館，並接受了程十髮先生全家極爲豐盛而別緻的午宴款待，午宴後程先生還親自陪同我們在宋朝方塔附近公園內，搜尋一些埋藏在地下、具有悠久歷史的彩色古磁器物碎片，這趟谷陽之參訪，眞稱得上是探幽尋古別有意趣、回味無窮之行。

定敏在一座石獅前

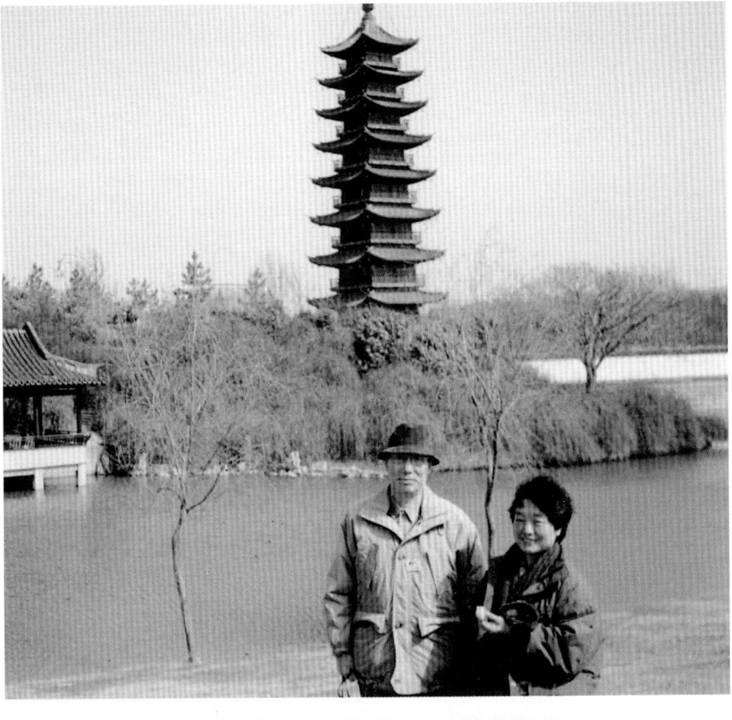
谷陽宋朝方塔前留影

湖山勝景畫杭州

好山好水是杭州，舊客舊遊樓外樓；
可嘆萬人如蟻聚，何時還我舊清幽。
五十年前初到訪，白堤蘇堤任徜徉；
紅塵不到悠閑處，靈隱鐘聲杵杵長。
今日重臨尋勝景，河山還我岳王亭；
滄桑歷盡王愈貴，豈獨青山萬古青。

上面這三首詩，是我於民國九十二年（二〇〇三）第三次前往杭州旅遊，歸後有感而寫的。

我第一次造訪杭州，是五十多年前的民國三十七年（一九四八），那時我流亡

1991 年去杭州西湖旅遊時所攝

民國三十七年（一九四八），那時我流亡在浙江的長安鎮，學校沒有老師、沒有教室，我們終日無所事事，閒著也是閒著，於是三、五同學不時就坐火車到附近的名勝景點杭州逛逛，那時人煙稀少，遊客更少，所看到的僅是國立藝專的男女學生在湖山相映蘇堤樹蔭下寫生的情景，眞是令人羨慕，心曠神怡。

第二次是民國八十年（一九九一）的三月，在春寒料峭的新春時節，我參加「中原新春雅集」，藉此機會再度到闊別多年的杭州，作舊地重遊，住在湖濱的香格里拉大飯店，朝夕望著那煙波迷濛、舉世有名的西湖，雖然比四十多年前遊人增加了不少，但情況還好，仍是感到湖山勝景爲芸芸衆生帶了心靈的慰藉。

香格里拉飯店前

可是第三次再度前往造訪，不但滿山滿谷盡是人車相擠、人聲噪雜，秩序混亂，無論泛舟或到樓外樓吃頓風味餐，也是排隊、吵鬧、久候，竟然像趕鴨子般的呼喊相催，分秒必爭，不但失去了遊興，而且在樓外樓吃飯，也是食不知味，湖山有知，必定三嘆。

難忘黃山奇又美

雖然十多年前我去過黃山，可是到現在每逢電視播放黃山的影片，我仍然是目不轉睛，很認眞、很仔細的一一觀賞那些令人回味無窮的景色，恨不能那一天再一次去爬黃山。黃山實在令人驚奇又美的地方太多了，不能一一枚舉。

「五嶽歸來不看山，黃山歸來不看嶽。」這足以說明黃山勝景的超絕，黃山之美、之秀、之奇、其松、其石以及它的千變萬化，任是再偉大的畫家，再了不起的詩人文學家，也無法描寫得恰如其份，因而千百年來，人們只有讚嘆，只有驚奇，只有歌頌。

民國八十年（一九九一）我們經過千島湖去

赴黃山途中經過千島湖

山遠眺

敏在黃山西海飯店前

了黃山，在黃山，我曾經獨自一人，坐在「排雲亭」前，面對著層巒疊嶂、千變萬化嵯峨的山群，默默的靜坐、凝視，遙望和揮筆寫生，那排山倒海、呼號驚叫的山風，弔詭難以捉摸的雲飛氣舞，使我有些膽怯心寒，深怕不知何時會把我吹到那千百尺以下的深淵谷底，自己在心中曾一再的提醒自己，如果畫板顏料紙張一旦被吹起，也千萬不要去追逐，正在冥想之際，一群來自東北的旅行者，瞬間而至，他們圍著我，說了一些家常問候話，也看了一會我的繪畫，臨走時很親切、含有關懷的說：「老師傅您慢慢畫，我們先離開。」在舉目無人的深山險崖，偶爾有人向你打個招呼或搖搖手，你就會感到自己並不孤單，格外的溫暖。

上山時，我是從纜車站走到西海飯店的，一面走，也一面觀賞沿途風景，非常輕鬆自在，可是回程時，經不起抬椅年輕人們一再的懇求，只好勉爲其難坐了一段，誰知上了枱椅，想到這三位少不更事的青少年在絕岩峭壁邊，快步如飛，深怕稍一不慎翻入山谷，摔個粉身碎骨，那就眞的不好玩了，只好央求式的說，錢照付，趕快把我放下來，才結束了這段驚魂坐抬椅之旅，說到這裡可請大家不要誤會，笑我膽子太小了，而實在的是我們生命太可貴，不值得這樣走在危險邊緣的。

我經不起懇求勸說乘了一段抬椅

黃山之飛瀑流泉

黄山腳下之屯溪景色（水墨畫・孫康作）

故都北京三度遊

1991年2月我第一次到北京

我曾前後有三次到北京，第一次是民國八十年（一九九一）開放不久，我因參加由國畫大師好友李奇茂兄率領「新春中原雅集」，那也是我離開大陸四十二年之後第一次再踏上大陸國土，第二次是民國八十四年（一九九五）爲了探親及旅遊，前往北京，住了三個星期。第三次是應北京及延慶縣之邀，參加文化訪問團前往北京，與北京書畫名家作文化交流。

去北京當然會去心儀已久的故宮、頤和園、天安門廣場、人民大會堂、八達嶺長城以及市郊香山等地參觀。還會去琉璃廠購買一些書畫用品。

北京是我國的故都，按理人民均應有優雅的修養，展現禮儀之邦。也許現在人口太多了，大家都有壓迫感，記得有一次，我一位在中央電視台做記者的外甥陪同我去同仁堂購買一些一般的家庭用藥，我的外甥隨便說了一句「不知道這種藥有沒有效？」沒想到那位著白袍的店員，竟帶著不客氣的口氣說：「你這位同志怎麼懷疑國家出廠的藥品？」另外一次，我外甥陪我去「徐悲鴻紀念館」想爲我買一本畫集，問價錢多少？說似乎太貴了，那位店員立刻大聲回嘴：「嫌貴就別買」。還有一次我去故宮看畫展後，到一家書攤，想買一本書，正在翻開看看內容，沒想到一位僅二十來歲的女店員跑過來說：「這書是賣的，不是讓人翻的」。我看這麼一位年輕的女孩子，態度如此

95 年定敏在北京頤和園昆明湖畔

北京頤和園昆明湖橋畔

二〇〇二年四月文化訪問團在長城

惡劣，不懂禮貌，遂回她說：「我還以為這書是讓人翻的，而不是賣的呢」？惹得許多想買書的人，哈哈大笑了起來，那位女店員才紅著臉離開。

類似的情形還很多，我想隨著時代的進步，這些口氣不好的店員應該有所改進才是，聽說北京最近正積極培養計程汽車司機說英語，並注意禮貌，以符合世界潮流，迎接二〇〇八奧運。

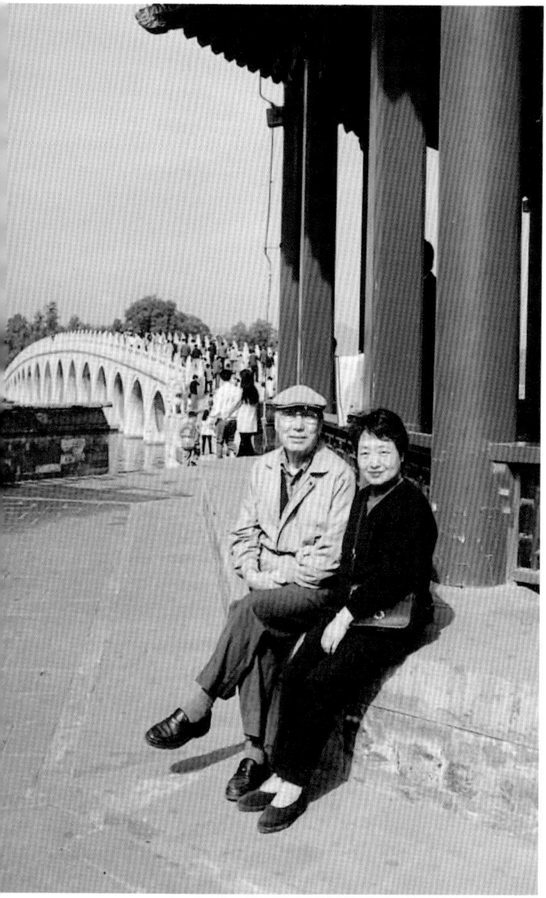

1995 年於頤和園

「北京人」的山頂洞

民國八十年（一九九一）三月，我和定敏冒著大雪紛飛、寒風刺骨的天氣，前往北京西南約一個多小時車程的河北省房山縣周口店鎮，爲的是探尋被發掘「北京人」的出土地方。

我們到達後，始發覺在「北京人」出土的小山坡旁，有關單位已經設有一個小型的博物館，除了展示「北京人」的模型頭像，還有當年考古人員發掘出土情形的照片，以及北京人使用簡單的工具等，我們聽取了有關人員的簡報，即前往實地觀看北京人出土的山洞，洞內燒火後的灰燼依稀可見，以及山頂洞等都已有明顯的標誌。看了以後，不禁對古昔原始人類茹毛飲血、艱苦求生奮鬥的狀況，不時的一一浮現腦際。

「北京人」於民十三年被發現，他是舊石器一具頭骨，距今約爲五十萬年，經考證已具有現代人的軀幹，但頭顱仍有低平的頭頂、粗大的眉脊，後腦骨較突出，在分類上屬「直立人」的亞洲種。已知道用火熟食，爲中國地區所發現

發現「北京人」的周口店山頂洞

於山頂洞前

最古、最完整、也是舊石器時代早期的標準代表，爲人類最重要的歷程。

「北京人」被發現時，曾轟動全世界，只可惜民國二十六年，日本侵略我

定敏的書法作品

國時，有關保存單位爲著避免被戰火所毀壞，特別委託美國一艘軍艦運往安全地區，抗戰勝利以後據說此一軍艦遭到日本轟炸而隨沉於海底，自此之後，「北京人」即再無蹤影，也不知流落於何處，也有的傳說「北京人」並未沉於海底，而是被其他國家所隱藏起來。好在有關單位已將這稀世之寶「北京人」製成模型，及許多資料中均已記載。

抗日聖戰蘆溝橋

「絕似晴空驚霹靂，蘆溝橋畔風雲急，敵騎縱橫茄角起，刀影裏，雪花飛濺頭顱碎，地北天南千萬里，男兒報國今何計，休灑新亭開涕淚，祈戰死，葡萄酒向沙場醉。」

易君左爲「七七事變」所作的漁家傲詞

天色灰濛濛的，將要下雪，北國的寒風仍極勁烈，民國八十年（一九九一）年的三月十三日，我站在這爲抵禦日寇侵略，浴血奮戰的聖地——蘆溝橋頭，憤慨萬千、感觸深深，永定河仍是一片寂靜，兩邊橋墩上的石獅子，有的傲視天空，有的似笑未笑，有的沉思，有的雙目凝視，更有的慈祥撫慰懷中的小獅子，空氣晃動中，漠漠大地盡頭飄起了一陣煙波，彷彿看到當年民國二十六年（一九三七）的七月七日，我英勇將士不畏強敵，爲保衛國家而英勇與敵軍肉博的情景。雖然日寇已受到教訓，但我同胞受到的傷痕卻永遠無法磨滅。

蘆溝橋在河北宛平縣境。跨於永定河兩岸，金時用石材建築，長六百六十尺，計有十一橋孔，橋墩上刻有石獅子四百八十五座，不過據曾經數過的人說，每次數每次數目不同，因爲大獅子抱有小獅子，而且造型俊美並有隱藏，因而要想數清楚極爲不易。

民國二十六年七月七日，日寇集中兩個聯隊在蘆溝橋附近演習，演習結束後，藉口一名士兵失蹤，欲強行進入我宛平城搜索，並夜襲我宛平城駐軍，我宛平駐軍吉星文團長以守土有責，下令抵抗，遂發生戰爭，這就史稱的「七七蘆溝橋事變」，抗戰勝利後，國民政府明定每年七月七日爲抗戰紀念日。

我和定敏站在蘆溝橋頭，後爲「蘆溝曉月」碑亭

蘆溝橋之一側

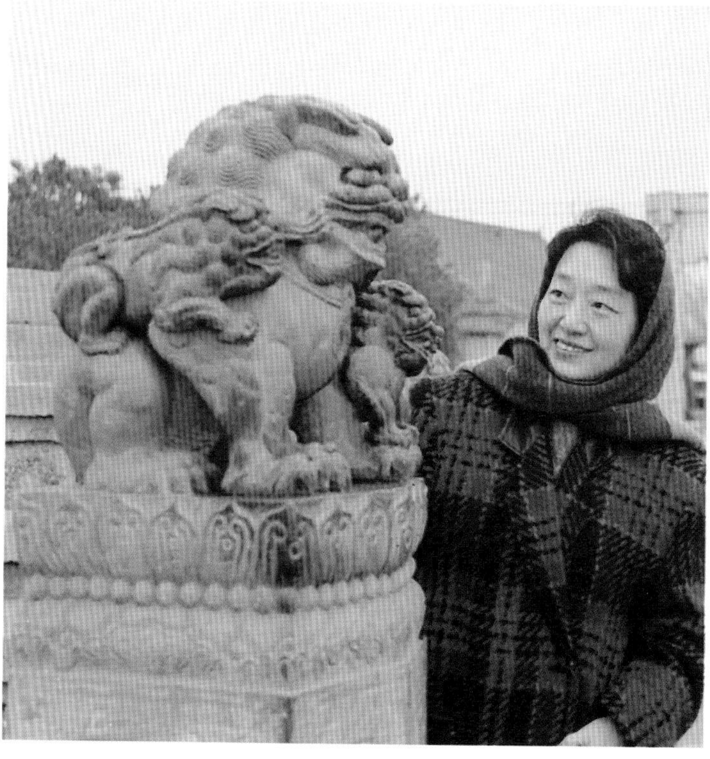

定敏與蘆溝橋上的石獅子

第二故鄉濟南市

「三面荷花一面柳，一城山色半城湖」，「歷下此亭古，濟南名士多」，這些形容山東省濟南美的名句，中國人幾乎人人均會朗朗上口。濟南可以說是我的第二故鄉，我的初中及高中都是在濟南唸的，從民國三十五年到三十七年，三年上學期間。無論城內、商埠幾乎跑遍了，大明湖、千佛山、趵突泉、黑虎泉、乃至四里山、大觀園，更是一玩再玩，那些令人口饞的小吃，到現在說起來還流口水。

91年3月於大明湖

民國三十七年的中秋節，我爲了躲避圍城之戰熾烈的戰火，匆匆忙忙離開了濟南，離開了正在讀高中的學校，隻身南走。直到四十三年之後。民國八十年（一九九一）二月，才又踏上舊地回到它的懷抱，只是從一個涉世未深的高中生，而今已是滿頭白髮花甲之年的長者了。

舊地重遊之後，就更覺得它的可敬可愛了，因而除了每隔一、二年就回去一次，還於民國八十七年（一九九八）的十月，爲著母校第三中學（由我就讀的禹城中學及中正高中等數校組合而改名）慶祝建校五十周年校慶，舉辦了個人水彩畫展；繼又於民國九十年（二〇〇一）的四月回濟南參加了濟南藝文界

1991 年於濟南李清照紀念館前

大明湖之遊船（1991 年）

所舉辦的「紀念辛亥革命九十年筆會」；最近民國九十五年（二〇〇六）九月藉回鄉之便，又在濟南拜會「將軍書畫院」；至於每次到達濟南，每論與故交老同學，或才交新朋友聚會，憶往論今、喝茶、飲酒、聚餐同遊，更是充滿了無限的喜悅與溫馨。

母校建校五十周年我回校舉行水彩畫個展，由牛壽堂校長主持開幕

我和定敏與好友丁諾（後中）、王靜（前右）及牛書閣（後左）楊義貞（前

2006 年 9 月 29 日拜會「將軍書畫院」院長、名書法家劉國福將軍（右）。

舊地重遊千佛山

「暮鼓晨鐘警醒世間名利客
經聲佛號喚回苦海夢迷人」

我每次登臨千佛山，必定先參訪入山左側的興國禪寺，而每次看到興國禪寺這副對聯，就有許多不同的感觸，覺得塵世間的名利，還眞不太容易喚醒夢迷人。

寺內也有一副對聯：

「作學問必須博覽群書，
求眞理不可自我封閉」

倒是提醒世人作學問、求眞

1991 年 3 月我和定敏攀登千佛山

理，都要腳踏實地，擴展心胸，雖然缺少了一點禪意，但卻是點破了求學、處世都不可虛妄，非常實際的警語。

在洞天福地門樓前

千佛山位於山東濟南市的南郊，民國三十五、六、七三年之間，我就讀於七大馬路桿石橋外的禹城中學，每年秋季，我都會登臨千佛山，成爲一項必然習慣性的課外活動，印象最爲深刻的，是從山腳幾乎到山頂沿途鋪陳在地上一堆一堆的賣炒花生的攤位，和一籃一籃泛露出正黃的蓋柿，所謂的蓋柿，比一般柿子大，而且較爲堅實，每年到了深秋才會上市。

民國八十年（一九九一）的三月，又重回到了曾經負笈的濟南，第一個願望，就是偕同定敏重登千佛山，那天千佛山殘雪未消，北風依勁，我們一面攀登、一面小心路滑，更一面欣賞在台多年未見的冬景，雖然覺得與四十三年之前相

在千佛山雲徑禪關前

較，已是人事全非，但山中景物卻是依舊，山上的諸般古佛仍是寂靜如昔，默默的看著塵世的滄桑。

定敏所寫黃河之水天上來

太平山上觀香港

很早就想去香港看看，雖然有幾次過境的機會，終因時間匆忙，仍然僅是在機場候機、轉機，不過每次在機場遙望市區，只見滿山都是高樓聳立，覺得香港非常擁擠，沒有太多的空間。

一九九一年，我從北京返台，路過香港，由於久居香港的老友廖益友兄的邀約，決定在香港停留下來。並到他的府上做客，吃了一頓由他夫人做的豐富晚餐。

香港的吃是非常有名的，無論酒樓、茶樓，處處皆見，第一次進酒樓，是廖兄請客，因爲他老馬

在香港街上

識途，語言又通，不僅菜點得道地，而且價錢也很合理，可以說價廉味美，只是等到我和定敏自己再去酒樓，不但語言不通，而且菜名也怪怪的，與我們所熟悉的菜名對不起來，與廖兄請客之菜與價錢相較就有很大的落差。

在香港無論在酒樓或茶樓，總是看到所有的食客，幾乎人手一份報紙，一面看報一面飲茶，那份瀟灑悠閒無事待辦的態度，眞是令人佩服羨慕，據老友說，當地人都是人人如此，天天如此，不如此，一天之中就覺得很難過。

太平山上俯望香港市區

與老友廖益友（左）於香港噴水池

在香港太平山落扶林郊野公園

有人說去香港如不登臨太平山，就等於沒有去過香港，及至登上太平山，感覺似乎並沒有說的那麼誇張，遊人也不多，不過纜車攀爬四十五度的斜坡，有點令人驚奇，從山上下望市區下看，第一眼就看到貝聿銘所設計的「中國銀行」那造型奇特、彷如一支利刀衝向天空的尖頂，其設計之創新令人震撼。

定敏所寫的松風

美國首都華盛頓

我第一次到華盛頓是民國七十七年（一九八八）的五月，那次由在紐約港一座教堂當神父的好友苗廣榮兄駕車前往的，由紐約到華盛頓需要四、五個小時，因而那一天一大早就上路，到華盛頓最主要的是去國家美術館看畫展，當然國會大廈、白宮以及華盛頓其他的有名建築也不放過，只是時間匆匆都是「走馬看花」式的，晚間回程由於行車期間廣榮兄與我不斷的講話，誤入了其他大道，回到我借住的美人愛達女士家中，已是深夜凌晨一點多了，害得這位美國老太太還起來爲我們做宵夜。

1988 年於華盛頓國會大廈前

第二次前往華盛頓是七年之後的民國八十四年（一九九五），由我的兒子少懷及他的同班同學、現在我的兒媳黃惠萍陪同，這次逗留的時間較久，除了再度前往國家美術館看一項法國特展，還去了維吉尼亞參觀了阿靈頓公墓及越戰陣亡將士紀念牆，以及納粹屠殺猶太人紀念展等，看了因許多戰爭而死亡的一些紀念物或展覽，不禁爲人類相互殘殺傷害而感到悲哀，想想看一個人成長多麼不容易，就是好好活著，也不過百年寒暑，在這麼短暫的時光中，爲什麼還要自己相互摧殘呢？是愚蠢？還是受一些野心份子鼓動呢？值得全人類自我反省。

1988 年於白宮前

1988 年於華盛頓特區國會大廈廣場

百年大雪雪嶽山

現今我們新聞媒體上已把韓國首都漢城改稱爲首爾，這雖然是從接近韓語譯音而來，但在我的情感上，總覺得不如漢城這個名字好，說到漢城，就不禁想到貫穿漢城的那條漢江，由於韓人的決心大力整頓，漢江由嚴重的污染而清澈，尤其是橫臥漢江上那幾座雄偉的鐵橋，我每次經過都會感到震撼。

一九九一年的冬天，我第二次到漢城，爲的是參加韓籍義女南銀亭與李光洙訂婚的典禮，典禮之後，銀亭特別爲我安排了漢江夜遊，及遠赴雪嶽山風景地區，攀爬素有小黃山之稱的雪嶽山。

漢江夜遊，但見遊船在璀璨五彩閃爍的燈光照耀下，緩緩而行，江面及兩岸一片寧靜，幽幽的江

雪嶽山之雪景

水在燈光反映下，也顯得金光閃閃，我們站在甲板上，向天空、向兩岸遙望，雖然寒風不斷吹面，但內心卻充滿了溫馨喜悅之情。

去雪嶽山，碰到百年來最大的風雪，雪高逾一公尺，坐纜車先到山腳再換釘鞋，我們攀登山腰時，只見一片白茫茫大雪籠罩著眼前，看不出那是天空或那是山路，雪花不斷的打到臉上，彷如刀片刮臉一般的刺痛，風勢更大，人與大自然似乎完全融合成一體，最後爲了避免發生山難，三人不得不中途被迫下山，留下少許的遺憾，但更留下了非常溫馨而難忘的回憶。

與李光洙、南銀亭於雪嶽山

與南銀亭於雪嶽山洛山寺

雪嶽山海濱之朝陽（孫康水彩畫作品，本畫已由高唐孫大石美術館收藏）

海天一線憶青島

從幼年就多次聽人轉述，說青島由於曾被德國人租借，市區建設多麼好、交通多麼方便、風景多麼美，及至民國三十五、六年間，我在濟南讀初中時，許多同學因爲戰亂家庭經濟中斷，不得已，紛紛投考軍事學校，遠赴青島受訓，由於與他們多次通信，以及我的中學同學好友張懷慶也時常去青島探親，因而對青島更多了一層的認識與瞭解，心裡一直想，何時能去青島一遊呢！

民國九十年（二〇〇一）四月間，我們組團赴山東作文化交流，如願到了青島，對這個久所嚮往的城市感覺果然名不虛傳。尤其經過桃花盛開的八大關時，更覺得青島的確很美。

在青島短短的三天之中，除了登上小魚山、參觀了修德紀念碑林、海軍博物館、棧橋及中山公園之外，並與「中山書畫研究會」舉行了座談、筆會。在中山公園入口處，有一塊巨木切面裝置，下面刻了兩行字，上行：「同根、同幹、同枝、同葉」；下行：「同祖、同族、同胞、同宗」，頗令人省思。

我和定敏於青島棧橋

青島中山公園入口處有一塊巨木切面裝置藝術品，上面刻有：同根、同幹、同枝、同葉；同祖、同族、同胞、同宗，令人省思。

日本茶道丹月流

日本的所謂茶道，聞名全世界，其實，不僅日本的茶藝之道，是早年由我們中國所傳過去的，而且其劍道，以及「書道」甚至於花道也都是學自我國，不過這多樣的「道」經過他們多年的強化、包裝及宣傳，儼然已成爲他們自己的文化了。

一九九二年四月，日本的國際茶道丹月流創辦人，並爲中國浙江省樹人大學聘請擔任客座教授的丹下明月女士，會同「日華親善協會」邀請我們前往訪問及文化交流，她除了在家設宴歡迎我們，並率領衆多女弟子作茶道表演，與我們交換茶藝與飲茶等多方面的看法與理念，以後又在日本京都歡迎我們訪問團的晚宴中，對我國唐朝時代著有茶經、並被奉爲茶神的陸羽大加讚揚，並當場朗誦了一首她自己所撰寫讚頌陸羽的詩，聲調或昂揚或低沉、神情更是肅穆莊嚴。

在她衆多的女弟子中，有一位名叫小澤實月的小姐，與我和定敏似乎特別有緣，在幾天活動接觸中，也顯得格外親切，有一次在邀請單位所舉辦的「櫻花宴」中，她特別從很遠的席次，跑到我們的席次，單獨只向我和定敏敬酒。從她的穿著言行舉止，我們就知道她一定是一個很有教養、很有禮貌的女孩，尤其她的端莊貌美和燦爛的笑容，令人印象深刻。

我們訪日回來不久，收到實月小姐的來信，並表示不久將來台灣，願到時拜訪我，次年的元旦，由丹下明月女士率領的丹月流茶道訪問團，應邀到台北市世貿大樓作茶道表演，實月小姐亦在列，她特別託請天仁茶藝文化基金會祕書長林義山先生打電話給我，約定與我見見面，那天當我和定敏前往與她見面時，倍極興奮愉快，她還特別帶了一瓶名酒送我，並合影留念，隔幾天我將合照及一件陶製的小禮物送給她時，仍是有著說不出的不捨離情，只是兩地遠隔，再加語言、文字的不同，無法經常聯繫，眞是「人生到處知何似，應是飛鴻踏雪泥，泥上偶然留指爪，飛鴻那復計東西」。

本茶道丹月流成員，中爲領導人丹下明月女士

訪問團參觀日本宇治改良茶場

小澤實月小姐（左）一九九三年一月來台北訪問，邀我和定敏會面後合影

中華料理在橫濱

日本橫濱是一個海港型的大都市，在那裡有不少的華僑，更多的是中華料理飯店，我們應邀於民國八十一年（一九九二）三月，前往參訪及文化交流時，雖然正是百花盛開的春季，可是我們賞景興趣並不很高，我們所在意的是觀察日本一般的社會現象，據陪同人員說，日本社會面臨著幾項非常嚴重的問題：一是人民的平均年齡男性七十一點二歲，女性八十一點三歲，五年之間始終維持全世界第一的記錄，已成爲老人社會。二是年輕的新人類（單身貴族）尋求極限的快樂無責任感。

我與定敏於橫濱美術館前廣場

三是一般的勞工，爲著追求報酬，養活家庭生活，將有更多的過勞死。這些趨勢値得全世界各國警惕。

華僑在橫濱經營的飯店，推出的中華料理，不僅受到當地華僑的喜愛，而且也受到日本人普遍的青睞，甚至於向中國師傅拜師學藝，自行開店者甚多，並保持我們中華料理的本色，不像其他國家或城市，爲著迎合當地人的口味，往往多所變質，像我們去橫濱美術館，去參觀該館正在舉辦的「高更特展」，路經一家「北京飯店」門口時，老闆聽到我們談話知道是自己同胞，特別主動端出一大籠熱騰騰的肉包子，興奮而親切的招待我們，「親不親故鄉人」，還眞是出乎我們意料之外，我們品嚐之後才發現他們做的肉包子，不但外形俊美，而且菜甜肉香，比國內做得還道地，我們對自己的中華美食感到無比的驕傲。

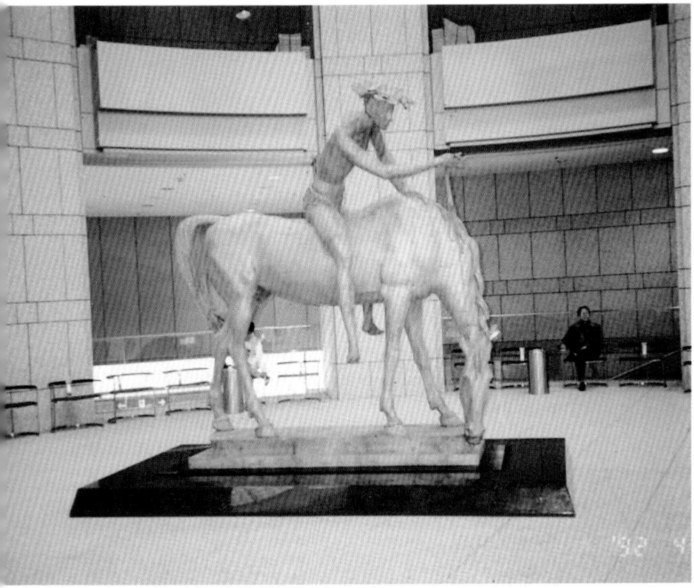

橫濱美術館門口展示的雕塑

詩仙堂與曼殊院

中華文化源遠流長、博大精深，不僅受到全人類的尊敬與重視，而且影響深遠，由日本京都最著名、最古老的「詩仙堂」與「曼殊院」兩座堂院中的展示內容，可以得到最具體的佐證。我們應邀訪問日本時，曾有機會訪問了這兩所堂院：「詩仙堂」爲十七世紀時的一位日本「漢詩」大家石川丈山所建，石川原是一位將軍，他所建的這所「詩仙堂」，既不供奉其先人，也不供奉日本的明君先賢，而完全供奉我國漢、晉、唐、宋三十六位聖哲、大詩人：蘇武、陶潛、謝靈運、王維、韓愈、杜牧、李商隱、林逋、柳宗元、李白、杜甫、黃庭堅、孟浩然等，並分別將他們的畫像、生平事蹟以及詩詞等，並用正、隸、篆各體書寫展示分別於堂內。

另一所「曼殊院」，是江戶時代所建，除了庭園、書院，廣植蒼松、古柏、梅林、紅葉之外，並仿照我國傳統庭園之設計，設有假山奇石，而所珍藏之文物更有般若心經、論語總略等。

該院主持爲八十二歲大和尚千門主，他在接待我們時一再強調：中國文化是日本文化的母體，也是日本文化發展的依據根基。該院所懸掛的對聯、條幅，也是充滿了我國的傳統詩味，如「林下聽經秋苑鹿，溪邊掃花夕陽僧」「人生幾回傷往事，山形依舊枕寒流」。

我與定敏於詩仙堂門前

訪問團部份團員於曼殊院

文化交流在鎌倉

一談到日本，相信絕大多數的中國人，仍然難忘日本侵略我國的罪行，因此到日本訪問就有多種複雜的情愫，當然我也不例外。民國八十一年（一九九二）的四月，正是百花盛開的季節，我們應邀前往作文化交流，踏上日本國土，我們在東京、橫濱、京都、宇治、大阪等地，都曾受到熱烈歡迎，但是留下最深刻的印象，還是在鎌倉。

鎌倉市在幕府時代，即是日本的政治中心，我們在鎌倉市除了到市政府拜會市長，還在鎌倉市的勤勞福祉會大會廳與日本文化界舉辦了文化交流，到有日本文藝界人士五、六百位，展出我們的書畫作品、茶道表演，其中一項爲同一時間書寫和朗誦我國大詩人杜甫的「春望」詩，最爲精彩；在書寫和朗誦時還有國樂包括古箏、洞蕭、揚琴配合演奏，更增加了優美典雅的氣氛，書寫由我們訪問團公推定敏擔任，朗誦則由日本一位大詩人（姓名一時忘記了）擔任，當時，全場一片肅靜，只聽吟唱之聲忽高忽低、忽急忽緩、忽抑忽揚；而定敏之書寫筆勢更是時而按、而轉、而提、而捺，霎時之間，幾百雙眼睛與筆走龍蛇相交集，整個大廳陶醉在吟唱、優揚琴聲以及筆歌墨舞之中，直到吟唱聲與琴音戛然而止，筆亦隨之而收，全場始回過神來，讚嘆、掌聲隨之熱烈響起。

當晚還舉行「櫻花之宴」，由邀請單位主辦，數百位藝文界人士齊聚一堂，賓主盡歡，宴會結束後，晚間邀請單位爲我們安排的住宿爲一家不對外開放名叫淨心亭庭園式的飯店。前方面臨是江之島，後面有群山爲背，極

華夏藝術茶道訪問團受到熱烈歡迎

爲清幽雅緻，所用餐飲及房間一般日常用品，也是採用「日本味」，當初我們對這所飯店何以不像一般大都市的大飯店一樣對外開放？感到好奇，經過打聽，才知道日本無論好的貨物或有傳統文化的飯店，首先考慮先由自己用，自己先享受，這次何以破格同意邀請我們單位的安排，是因爲我們是文化藝術的團體，由此也可以看到日本人雖然有點自私，但對文化、藝術人士卻極尊敬與重視。

敏示範書法，觀眾均聚精會神

定敏書寫「春望詩」後，我和定敏與大會主持人下月明女士母女（左）合影

日本婦女向定敏請益中國的書法

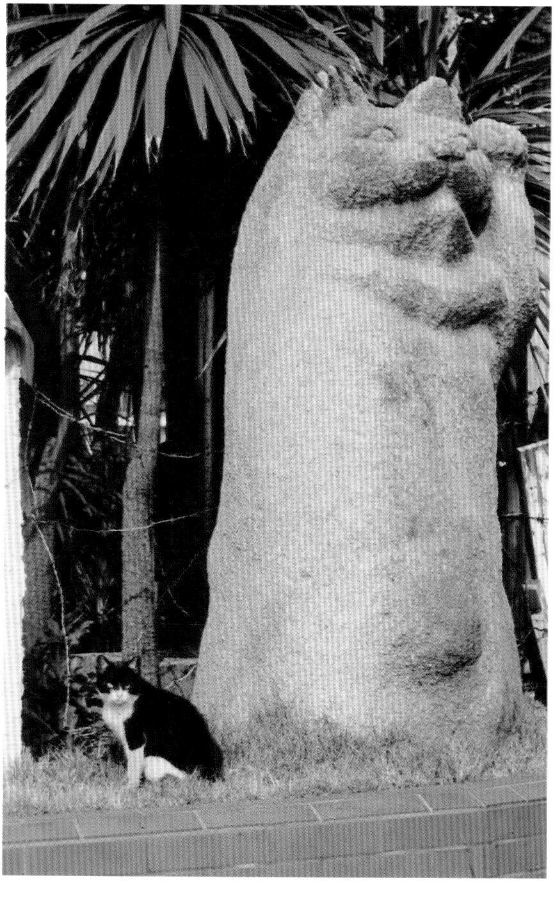

貓與「貓」

在飯店大門旁，有一件陶製的大型貓，做得維妙維肖，造型極爲雅緻優美逗笑，一般的小貓可能誤認爲是同族的長輩，而經常偎依在陶貓的左右，形成了一個大與小的對比，極爲有趣。

雕塑公園雕之森

日本的雕塑森林美術館，位於箱根國立公園的中心，是一座野外式的美術館，整個園內綠草如茵，佔地七萬平方公尺，成立於一九六九年的八月。

在這座園內，展示著世界各國雕塑大師級的作品，有非常傳統的，也有純現代的，其中以英國雕塑家亨利摩爾的充滿著人類愛和生命感二十六件作品，最爲參觀者所欣賞，亨利摩爾於一九八六年去世，享年八十八歲，爲

於雕之森雕塑公園

二十世紀雕塑巨匠。

在雕塑美術館內，並不完全的均爲雕塑創作，另外尚有繪畫展示館，並經常展出世界著名畫家繪畫創作，我國著名畫家吳炫三的一巨幅油畫作品，也在展出，深爲醒目。

於日本箱根蘆之湖

定敏於亨利摩爾作品前

楓紅滿天加拿大

加拿大楓葉的紅、楓葉的黃、耀眼而令人沉醉，終生難忘。

一九九五年十月，我和定敏由在紐約讀研究所的兒子少懷及他的同班同學、現在我的兒媳黃惠萍陪同，從紐約出發到加拿大去旅遊，全程歷十天，曾分別到了尼加拉瓜、多侖多、渥太華、蒙特婁，最後到達魁北克。

到達加拿大國境，第一映入眼簾的，除了那一望無際、一整天都在它的邊緣行車的安大略湖外，就是那令人欲醉、色彩有紅、有黃的層層楓林，沿途所見滿山滿谷，一大片又一大片，豐厚濃郁，眞是叫人不忍轉目，而那黃（紅）葉舞秋風之景致，更充滿了音符般的躍動。怪不得常聽人說，去加拿大旅遊，秋天是最美最好的季節。

尤其是，在蒙特婁及魁北克我們去楓林寫生時，坐在落到地上層層厚厚的楓葉，捕捉那色彩亮麗的楓林，耳聽那落葉沙沙之聲，鼻嗅那楓葉之清香，一時之間，竟幾乎使我陶醉欲眠不再離開，很想在那楓葉之上睡上一大覺。

加拿大魁北克楓紅楓黃楓滿天

加拿大蒙特婁（當地華僑譯稱爲滿地可）楓葉鋪滿地

尼加拉瓜大瀑布

尼加拉瓜大瀑布，屬加拿大安大略湖省，橫跨美國與加拿大兩國，是美國的伊利湖與加拿大的安大略湖而形成。從電影、電視或畫報上看，非常的美麗、壯觀，但一旦乘坐遊輪接近它時，它那排山倒海、萬馬奔騰的氣勢、如雷電的怒吼聲，不禁使人心生畏慄，而且那懸空飛散強有力的水珠，迎面打來，更增加了恐怖的氣氛。

我們搭遊輪時，遊輪公司每人發了一件雨衣，當時還有些疑惑？最後才瞭解發雨衣原來是擋避迎面而打來水珠的。聽聞不如眼見，任誰到此，不管你是多麼崇高的偉人或孔武有力的武士，必定都會感到自己是如何的渺小了，對大自然的神奇奧妙，只有讚頌拜服的份。

多侖多應該是一個值得稱讚的大都市，據說全世界最適合人類居住的前三名大城市，多侖多就名列其中，目前在多侖多的華人，已超過三十萬人，足見其誘人之處，在多崙多另一個觀光景點，就是錫恩（Skyion）高塔以及塔旁的一所巍峨的大教堂，錫恩塔位於大瀑布不遠之處，其高出瀑布為七百七十五英尺，登臨其上能見度可達一百二十九公里，塔頂有立體電影、餐廳、音樂廳等，由電梯底層上到頂點，需五十二秒鐘，到達後包括多崙多全市、尼加拉瓜大瀑布及美國水牛城等盡收眼底。只是頗有高處不勝寒之感。

於尼加拉瓜大瀑布前

尼加拉瓜大瀑布

浪漫情調魁北克

一九九五年的十月，我去加拿大旅遊。由蒙特婁去魁北克，是搭乘火車，火車座位不但寬大，而且清潔，極爲舒適，服務人員親切週到，在幾個小時的車程之中，免費送咖啡、送點心、送飲料好幾次，這是我歷來所乘火車，最滿意、最感到稱心快意的一次。

魁北克在加拿大的北部，全市建築充滿著法國的情調，風光優美，市容整潔，而人們的優閒態度，亦頗像歐洲，充滿了浪漫不羈的神態與風格。市區有古城牆、古城門，也有古色古香的馬車，可以搭乘遊覽市區，

1995 年於加拿大魁北克

我也坐了一程，惟一感到享受的，是那高大壯碩馬兒的噠噠馬蹄之聲。

我們在魁北克徜徉了五天，有時去如茵大草地上靜坐，觀賞多樣性建設的風貌，有時去楓葉飄飄的公園或到古城門寫生，都有人好奇的站在後面偷看，有一次我們在公園看到五、六位年齡比我還老的畫家，他們的畫架都很講究，

我在魁北克古城寫生

在魁北克公園

但似乎一面畫一面玩，畫畫停停，或聚在一起，說說笑笑或在附近走走；似乎並不急著把畫完成，甚至於畫不了幾筆就收畫架了，他們的作爲使我想不透，或許是感覺作畫，另一種生活的享受。

魁北克風情

與定敏、少懷、惠萍搭乘馬車遊覽市區（少懷攝影）

登泰山而小天下

民國八十五年（一九九六）的九月，我從公職退休的第二年，就由定敏及尚在中央電視台任職我的外甥龐一農陪同，去攀登被譽爲五嶽之尊的泰山。泰山在我的心目中，從幼年開始就有著一股高不可攀的印象。

回憶民國三十七年（一九四八）九月，我尚是一個中學的學生，因躲避戰火，從濟南步行流亡到泰安縣，在到達泰安縣之前，曾迷失於泰山山脈之中，距今雖已超過了半個多世紀，而印象深刻著，一是到處流水潺潺，寂靜無比；二是看到一位妙齡村婦坐在一塊大如房屋般大的青灰石頭上，安詳的正在做針線，心中好奇，在這深山之中怎麼還有人家？莫不是妖怪變化而來考驗我們的？三是曾聽到樵夫之伐木聲，但看不到其人，向其說明我們是迷路之人，詢問如何走出此一山中？亦能獲得指導的高空對話。

泰山位於泰安縣內，海拔一千五百四十五公尺，佔地四百二十六平方公里，爲世稱之東嶽，但由於歷史悠久，從古以來，登泰山封禪，有跡可尋的帝王就有七十二位，而又由於歷代名人墨客在泰山之摩崖石刻衆多，且氣勢非凡，因而泰山文化與書法名滿天下，尤其以東南麓龍泉峰下的經石峪，一塊大石坪所刻一千多個字的金剛經文，字大如斗、氣勢奇偉，波瀾壯闊，令人稱奇。民國九十三年（二〇〇四）最著名的詩詞教授張壽平老師，曾將這經石峪所刻的經文拓本，集聯成一百零八聯，裝裱成條幅，於台北中正藝廊展出，受到無數參觀者的贊嘆、每聯四字如「一時佛在」、「如是我聞」、「入園得果」、「見佛明心」等，可說集文字、佛學、書法的

登泰山之遊客

我們休息爲了走更長的路

大成，以書法言，是書法的極品，被稱為「大字之宗」；以文學言，句句雋永而含深意，以佛學言，集聯一百零八幅，頗有破除一百零八煩惱的作用。

我們上山雖然是搭乘纜車，但從南天門登到泰山的最高處玉皇頂（亦稱岱頂），大概最少也有一千多石級，我和定敏一面走，一面欣賞風景，當然也分段休息，終於到達，「登泰山而小天下」似乎這是向從前封閉時代人們說的，或許也是以這句話來襯托泰山之尊，文人的慣用手法。

於泰山摩崖石刻前

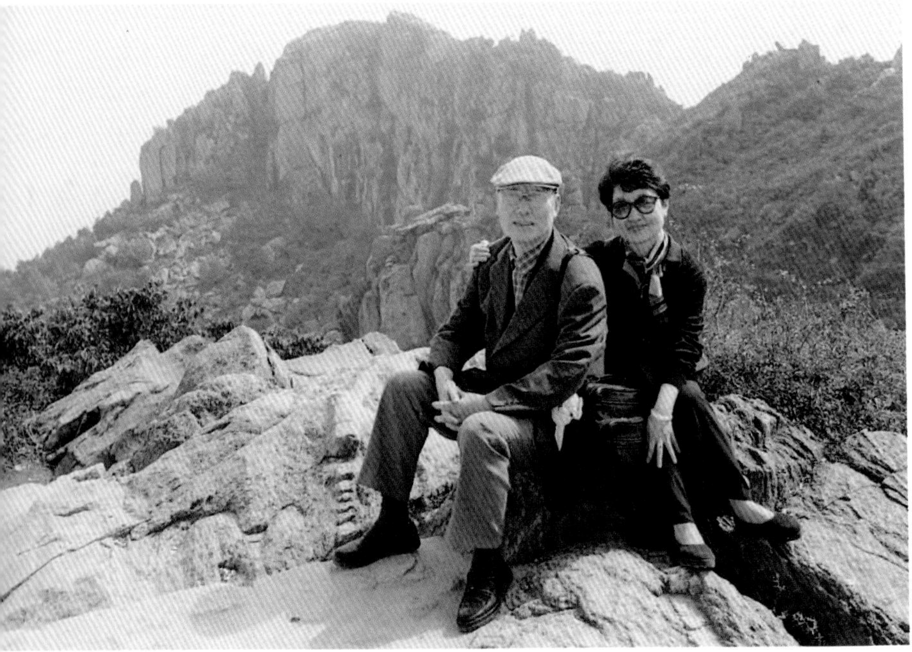

我和定敏登上泰山山頂最高處

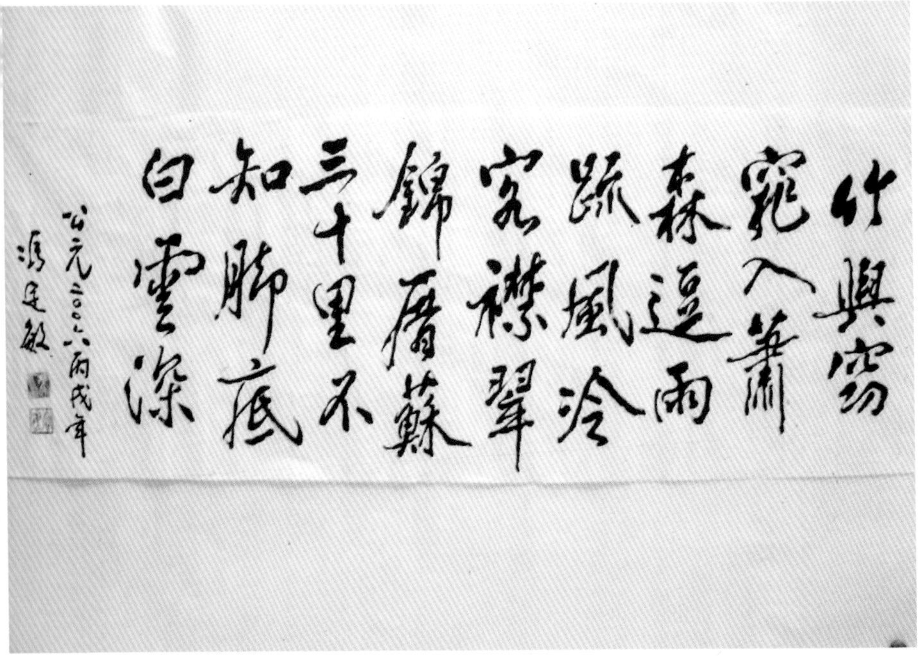

定敏的書法作品

古碑古柏岱廟

岱廟位於山東泰安縣城區內，佔地九萬六千五百平方公尺，約佔泰安縣城四分之一，係仿照帝王宮殿形式而建，有山門、東西廊房、正殿外，還有雙龍池、遙參坊、遙參亭、岱廟坊、鐘樓、鼓樓、中寢宮、東寢宮、西寢宮等。爲歷代帝王祭祀泰山舉行大典之處所，與北京故宮內之太和殿，曲阜孔廟大成殿，被稱爲古代三大殿。

岱廟內自古即廣植松柏、銀杏、國槐等名貴樹木，尤以松柏爲多，老樹、古廟、紅牆、黃瓦，景色幽雅而肅穆。

館內文物極爲豐富，其中以宋朝米芾所書「第一山」最爲有名，另東廊內碑刻陳列亦極珍貴，至於唐槐、漢柏更是令人驚奇，並有傳說五株古柏爲漢武帝登泰山封禪時所植。

岱廟究竟創建於那個年代，目前尚未發現確切的記載，但在東漢人所著述之中，已見泰山有建廟的說法，其創建於東漢或更早於東漢，應是不會錯的。

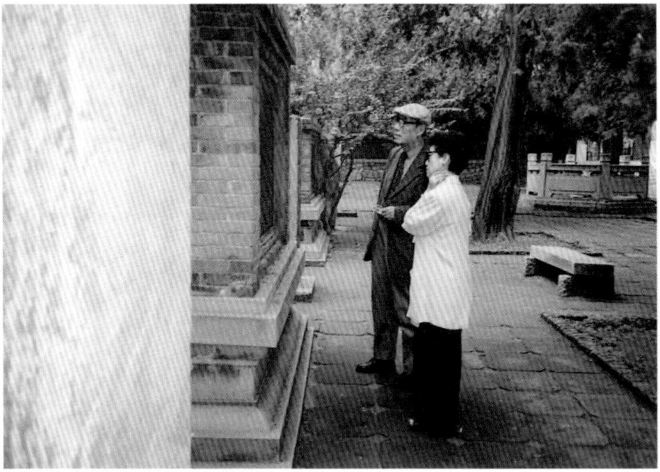

研討古碑文字

岱廟內植有多種松柏、銀杏、國槐令人懷古

佛羅理達海上遊

一九九五年的秋天，我和定敏去佛羅理達旅行，住在好友哲基兄嫂奧蘭多的府上，有一天巴德先生和他的夫人，邀請我和定敏及哲基兄嫂到他家去作客，巴德是哲基的朋友，美國人，個子不高，但聲音卻極宏亮，且健談，幽默而開朗，談話之中，笑聲不斷，尤其是一張帶笑的臉，令人感到特別的親切，聽說他還是一位會做中國菜的高手，對中國菜的料理頗有研究。他的家是在一個風景非常優美的 ANNA MARIA 島上。

我們在巴德家除了享受他所做的中國菜以及到海邊寫生之外，還乘遊艇去遊海，當遊艇由駕駛人員慢慢滑入海面，我們的眼睛頓時爲之亮了起來，藍天、碧海已融合成另一天地，此時用心曠神怡也難以所形容！當遊艇加速到極限時，竟可離開水面好幾尺，活像一艘飛船，尤其在廣闊無垠的海面上，只有我們這一艘飛船時，我們方才體會到什麼是凌虛御風，什麼是海闊天空。

我們在海面上，有時疾駛，有時蕩漾，我們曾多次看到數百隻的群鳥在一個較深海面的上空盤旋和俯衝，駕駛人員告訴我們說，海鳥盤旋之處，即是魚群活躍出沒的地方，換言之，魚群的出現，就是海鳥覓食的最佳時機，天地之大，萬物之間的互動、消長與生存，都有其亙古不變的定律與法則，誠然可信。

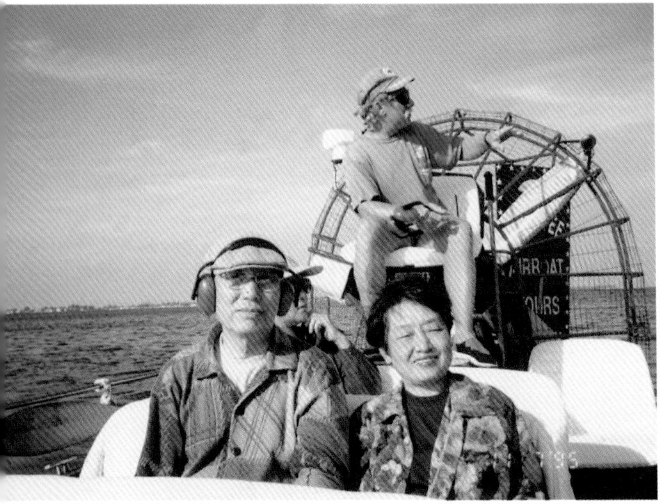

1995 年佛羅理達海上遊

海鳥聚騰之海面，即是魚群聚集之處

聖荷西的中國文化公園

美國加州聖荷西市爲了尊崇中華文化，明定每年九月二十八日我國的孔子誕辰紀念日，爲該市的教師節，不僅如此，該市還闢建了一座「中國文化公園」，並在公園內樹立一座孔子銅像，這在全世界來說，還是一項創舉。

1997年於美國加州聖荷西中國文化公園

在這遙遠聖荷西的異國土地上，建立了這座「中國文化公園」，國人固然應該感到欣慰和驕傲，然而我們對源遠流長、博大精深的中華文化，如何予以維護、詮釋、力行實踐並發揚光大，使其歷久彌新、恢復與時俱進的潛力和活力，應該是全體國人當務之急，每一個中國人無論是在大陸、在台灣或在國外，都不應置身事外。

公園及孔子銅像於一九七四年七月二日

隆重揭幕，我則是在該園揭幕二十三年之後一九九七年的六月前往瞻仰，公園佔地極爲廣闊，林木蒼翠，並闢有人工湖，是我國著名建築師張紹載所設計，我到了公園方知道除了有巍峨莊嚴的孔子銅像，還有以白色大理石建成的高大雄偉的大門。門楣上刻有「中國文化公園」六個粗體大字，並以金粉塗成，極爲耀眼，園內另建有「國父中山先生紀念堂」、「中正紀念亭」及「梅亭」等，這幾座建築物，都用黃色琉璃瓦建頂蓋，頂蓋下爲中國傳統式的大紅柱，古色古香，溫厚雅緻。

聖荷西中國文化公園於1974年7月2日揭幕時盛況

桂林山水甲天下

世界上名山大川、茂林幽壑、無計其數，但卻沒有一個地方可以與桂林相比。桂林山水之美，早在千百年之前就受到人們的青睞：唐朝大詩人韓愈就曾詠讚：「水如青羅帶，山如碧玉簪。」

我自幼即對桂林有許多的憧憬與遐想，及至五十多年前結識桂林出生的好友畫家、詩人司馬青雲文德英兄，由他的轉述、介紹以及許多報章雜誌畫報中的文章描寫，近幾年多家電視多次的訪問、轉播，對桂林更加深了美好的印象，因而民國八十九年（二〇〇〇），當我們一群小學時期的老同學組成長江三峽旅遊團時，首先就將桂林列入第一站。

據考證，桂林在億萬年以前，還沉浸在海洋中，以後經過地殼變動，才露出陸地，其地質屬於堅硬的石灰岩，再經過多次的造山運動的擠壓與無數歲月風雨的侵蝕，致形成與其他地方不同景觀，不僅山中岩穴特多，而且平地山脈突起，故有「四野皆平地，千峰直上天」之描述。

「桂林山水甲天下」，桂林許多景點，像蘆笛岩、銀子岩、駱駝山、伏波山、疊彩山以及碑林等都曾一一造訪，還暢遊灕江，從桂林到陽朔，只見兩岸群山並列，無山不奇，無山不美，而由於兩岸均爲石灰岩，沒有泥沙沖積，因而江水碧綠，清澈見底，蕩漾其中，又哪能只有心曠神怡四字可以形容呢。

在桂林除了遊山玩水之外，特別值得一記的是，由於我一次寫生因緣，還結識了一位畫家莫恂飛教授，並進而成爲忘年之交的朋友。莫教授前年於桂林附近之大圩古鎮，建構了一座四層樓的「莫恂飛藝術工作室」，以畫作介紹桂林並向國際訪問人士拓展，其愛鄉愛國、愛藝術之精神，令人敬佩，他的「藝術工作室」招牌，還特別請定敏爲其所書寫，並親自刻在一塊竹片上。

000 年於桂林航空站

桂林到處都是桂樹，下飛機後在進入桂林市的道路上，就聞到花香撲鼻，再加放眼四望，處處都是山明水秀，景美、花香、人民又樸實熱情，實在是一處令人永生難忘的好地方。

2000年於桂林象鼻山

秋江泛舟（水墨畫·孫康作）

滾滾長江東逝水

「滾滾長江東逝水，浪花淘盡英雄，是非成敗轉頭空，青山依舊在，幾度西陽紅」；「我住長江頭，君住長江尾，日日思君不見君，共飲長江水」；「閣中帝子今何在？檻外長江空自流」，千百年來朗誦、歌詠寫有關長江的詩詞文章太多了，當我們讀到這些詩詞，相信大多數的人，僅是欣賞其文詞之美，文義之妙，但對滾滾長江之水，並沒有切身之感受，可是等到實地親臨江水之濱，看到那氣勢浩蕩磅礡、澎湃洶猛之波浪，聽那彷如千軍萬馬奔波而來吼吼之聲，你就不得不感到震撼而心驚了。

民國八十九年（二〇〇〇）的九月，我在重慶碼頭跨越一段很長的踏板登上「乾隆號」遊輪，作由重慶至宜昌旅行時，面臨腳下壯闊翻騰的江水，心中不自覺的一陣心悸，看到那一波又一波、前仆後繼，彷彿有其神聖不可阻擋侵犯使命勇往推進的情景，你心裡就會想到：人世間沸沸揚揚、是是非非、恩恩怨怨的一些瑣碎之事，它自然是不屑一顧的。

遊長江應是人們一生共同的願望，其中最大的樂趣，是觀賞兩岸變化萬千的風光，一會兒萬山環抱危岩遮眼；一會兒巨石擋路又平疇千里，鎮市、村落夾雜於青山翠谷之間，靜寧雅致，令人神往，巍巍浩浩江山如畫。長江它歷盡了千辛萬苦，看盡了大地變動、人事悲苦滄桑，但永遠改變不了它的義無反顧，勇往向前。

從四川重慶到湖北宜昌，這是長江中最美、最險峻的一段，也是名勝、古蹟、歷史故事演變、還有神話最多的一段，遊後心胸必然會隨之而開闊，也必然令你回味不已，實在值得一遊再遊。

長江浩浩在山壁之間

我和定敏於小三峽沙灘休息觀景

江從四川重慶到湖北宜昌行徑圖

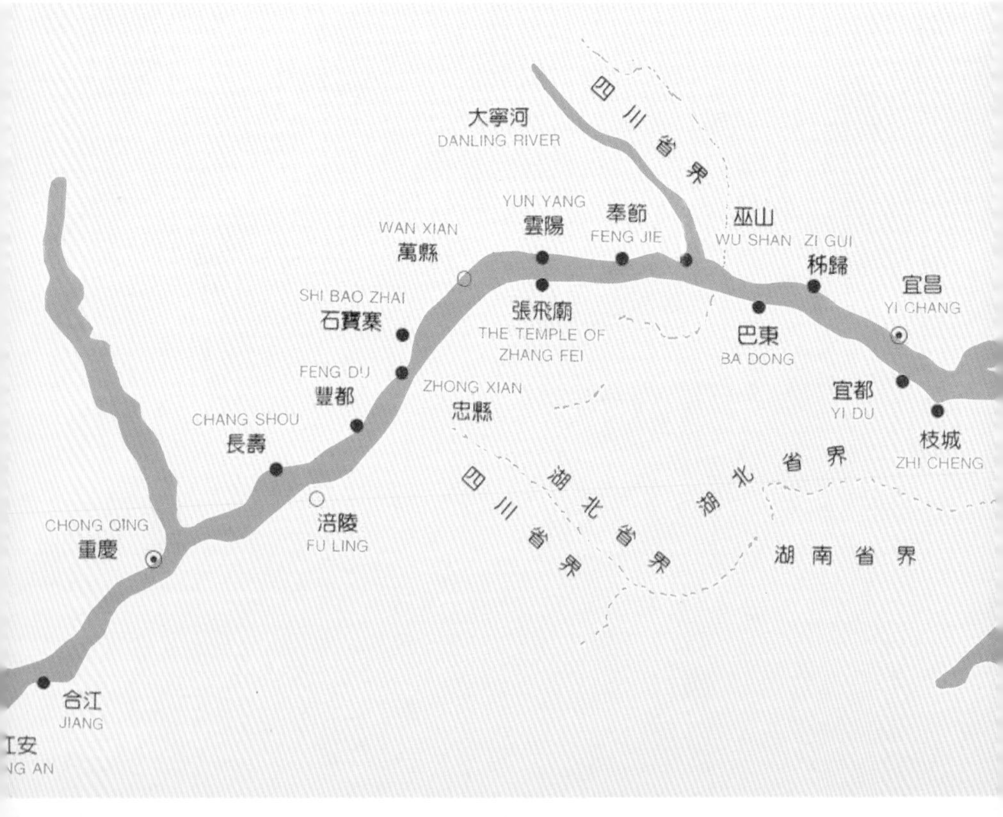

劉備托孤白帝城

「朝辭白帝彩雲間，千里江陵一日還，兩岸猿聲啼不住，輕舟已過萬重山」李白的這首「早發白帝城」（現下一般均稱爲「下江陵」），多少年來，對我來說，都曾有過不斷的遐想，那白帝城在五光十色的晨曦照耀下多美啊！而大詩人在吵雜不斷的猿聲中，乘著一葉小舟順利而下，穿過重重的高山險峻，一日之間就到了一千二百里之外的江陵，是何等情景啊！

每每朗誦或書寫到這首詩，就非常神往，心想何年何月才能踏過這段前人的腳步，做一詩文與實景的對照呢？

公元二〇〇〇千禧年的九月，我終於有了長江三峽行，並登上了白帝城，在去白帝城的路上，俯視瞿塘峽的雄偉以及澎湃江水的激流，不禁想到當年並沒有像現在行遊於大江之中的大型輪船，大詩人是何等的勇氣，而乘小舟划向下游呢，實在令人費解。

除了不斷的思索李白當年的心情，就是在登山路旁看到另一位大詩人杜甫所居住的一處洞穴時，心中一陣驚訝，想此處向上看是藍藍的青天，向下望是洶濤沖激的江水，向四週看一片冷漠的高山，這位大詩人何以選擇如此人跡稀少荒涼地方呢？他的生活怎麼捱過呢？又是一番難以找到答案。

到達白帝城，其實在進門的扁額上卻寫的是「白帝廟」，我想白帝廟和白帝城，雖然是同一處，但說起來的聲調，那給人感受的情境就大大不同了。

在廟中，有劉備托孤的造像，看到這位當年不可一世的劉皇叔淒別的哀傷和衆將默默低沉的神情，令人感慨，更令人想到世事的無常。

2000年於白帝城前

森林公園張家界

從宜昌去張家界坐火車，有一段辛苦的經驗，說出來供以後走這條路的人參考，原因是宜昌地陪不負責任，他把我們旅行團送到火車站就離開了，也沒告訴我們登車的過程，更沒有爲我們設想，因而當我們進入火車站要到登車的月台時，才發覺需過一座長長的天橋，這在我們年長又帶著笨重的行李、開車時間又極短促的情形下，是非常困難而辛苦的，尤其是定敏爬上天橋已經不容易了，所有的行李只得由我一個人來拿，當時的艱困可想而知，好在有一位好心的旅客，主動而友善爲我提了一件皮箱，總算及時上了火車。

有了這段經驗，上了火車以後，就想到如果到了張家界下車，也是這樣過天橋，那眞不堪設想了，靈機一動，把情形告訴了年青又溫和的女性列車長，並請她設法幫忙解決，列車長非常能幹，一聽認爲小事一樁，果不然到了張家界，就有多名帶著扁擔的人已在月台等候了，使我們內心感到非常欣慰、也認爲自己非常聰明，辦法是人想出來的。

到了張家界，一下車就想到我的同事好友、老家就在張家界附近的梁永祥兄平時告訴我張家界是如何美、山勢又如何奇的一些形容描述，當眞其言不虛，但見群峰競豔，又彷若衆仙拱手笑顏歡迎。大自然的神秘奧妙令人驚奇、令人讚嘆。

行走金鞭溪，萬山環抱，流水潺潺，或漫行或稍歇都會嗅到草香，新鮮空氣襲鼻，而感到神清氣爽，從下午一時三十分到四時三十分終點，整整走了三個小時，雖然久未長途行走，腳力有些酸累，但仍然感到難得有此機運，値得終生回味。

嵯峨群山、森林、花卉張家界令人讚嘆

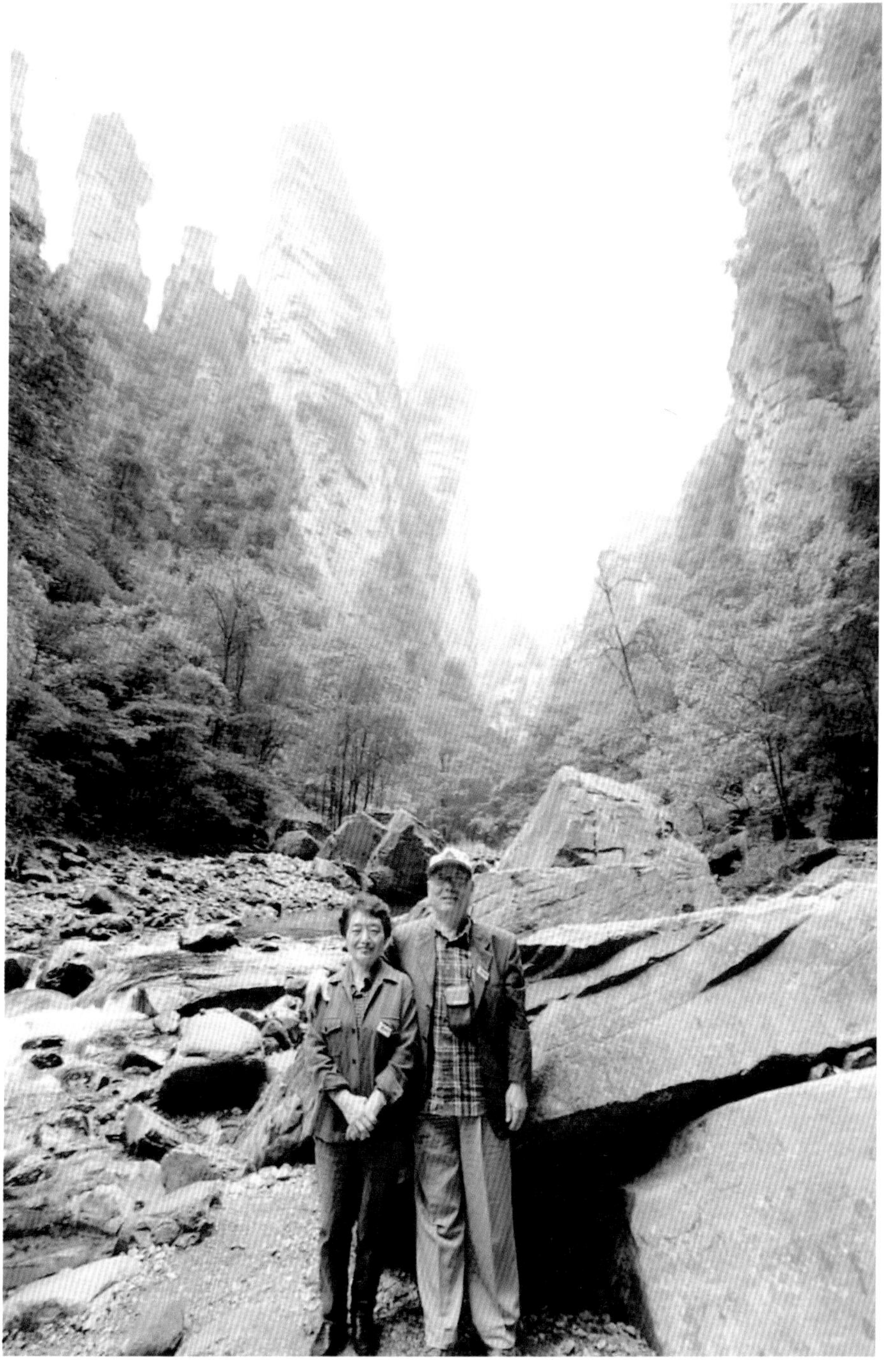

於張家界金鞭溪群山中

鴨梨之鄉陽信縣

肥城的桃、樂陵的棗、萊陽的梨；多少年來，山東人均以這三種水果的品質優良而傲視全國，不過，近些年來，由於各地在農業方面的改進與研究，此一形勢與美譽，必將受到空前的沖激與影響，以水梨而言，陽信的崛起已被稱爲「鴨梨之鄉」即是一例。

民國九十年（二〇〇一）的四月，我們應邀到陽信訪問時，陽信縣有關單位爲我們作了詳盡的簡報，並帶領我們實地參觀了他們的萬畝梨園，我們才驚奇發現那白茫茫、一望無際的梨花，彷若一片雪皚皚，隨而使我有感而寫了下面的詩句：「陽信梨園花盛開，望中彷若雪皚皚；只今舉世爭顏色，誰賞朝天素面來」。

據陪同人員說，如果不是前兩天，曾遭受到風雨的侵襲，其盛況將更會令人耀眼壯觀。

在梨園附近，立有一座朱萬祥先生的半身銅像，因爲由於他的苦心改良，目前一株大的梨樹，一年可盛產一千三百公斤梨，鄉人們爲著感念他的貢獻，尊奉他爲「省農民狀元」，可見只要付出心力，爲鄉梓作貢獻，都會受到鄉民的尊敬。

由於鴉梨的盛產，爲果農帶來財富，因而到處可以看到果農滿足的笑容，他們在梨樹下休憩、聊天，形成一幅溫馨的畫面。

實在說，中國的鴨梨，由於品質優良，脆甜可口，受到世界各國的喜愛，無論在亞洲、在歐美，都可以看的到、買的到，前些年我旅行紐約時，即曾多次到素有中國城之稱的「法拉盛」購買享用。

2001 年於陽信縣萬畝梨園

書聖故里臨沂市

書聖王羲之故里臨沂市，在山東省甚至於在全中國來說，應是最重要、最有名的城市之一，又由於其轄區內有多項在歷史文化上，頗具研究價值的銀雀山漢墓竹簡博物館、武聖孫子紀念館，尤其是書聖王羲之故居，更是名滿中外，我們「齊魯五友」之一的好友孫乾兄，其老家就是臨沂，因而他在他的書法大作最後具名時，就常常寫「書聖故里瑯琊人」（臨沂原稱爲瑯琊）。猶記六十年前我還是少年時，我的三哥孫受嶺，爲著讓我躲避匪亂，曾把我送到濟南一家客棧數個月，我第一次所認識的一位外鄉人，就是客棧帳房先生臨沂人，因此臨沂這個城市，我很早就有深刻印象。

民國九十年（二〇〇一）我們文化訪問團前往臨沂訪問時，我的興趣就特別濃厚，參觀王羲之故里，這在我們習書法的人來說，就彷彿教徒朝聖一般的虔誠，任誰都知道王羲之是大書法家，他是晉朝人，生於公元三〇三年，距今雖然已是近二千年，但他的名字越久越響亮，學習他書法的人也日益增多，他的書法，正、行、隸、草諸體，自成一家，冠絕古今，世人稱其爲書聖，又因爲他曾任右軍將軍，也有人稱其謂「王右軍」，由於他的兒子王獻之也是大書法家，學習書法的人，往往稱其爲「二王」。他所寫的蘭亭序，自古以來就被習書法的人認作圭臬。

於王羲之銅像前

在臨沂訪問書聖書畫院時，由於有揮毫活動，當我畫一幅梅花時，一位在場觀賞的青年看到了，由於他的父親喜好梅花，他爲了表示孝心，特別請我爲他畫一幅，細問之下，才知道這位青年是我們所居住的陶然大酒店的公關經理吳潔先生，吳潔年齡雖然尚輕，但純摯有禮，對人對事極爲圓融，以後經過多次書信往還，已成爲忘年之交。這是訪問臨沂未曾想到一項的際遇，値得一記和珍惜。

與臨沂陶然大酒店公關經理吳潔先生（中）合影

敏於臨沂王羲之紀念館洗墨池前留影

絲綢之路快樂行

「絲路起點在長安，大象駱駝走前端；先人艱苦不可忘，中外交流兩相歡」。

民國九十一年（二〇〇二）的九月中旬，我和定敏及小時同學李光耀、王蜜夫婦、鞏秉章、葉雪英夫婦，參加了「東方之星」專車絲綢之路的旅行。這些年來外出旅行的次數不少，無論在國內或國外，都沒有這次來得興奮，那莽莽大地、一望無際大戈壁的荒草漫烟；西安、敦煌、嘉峪關、陽關、莫高

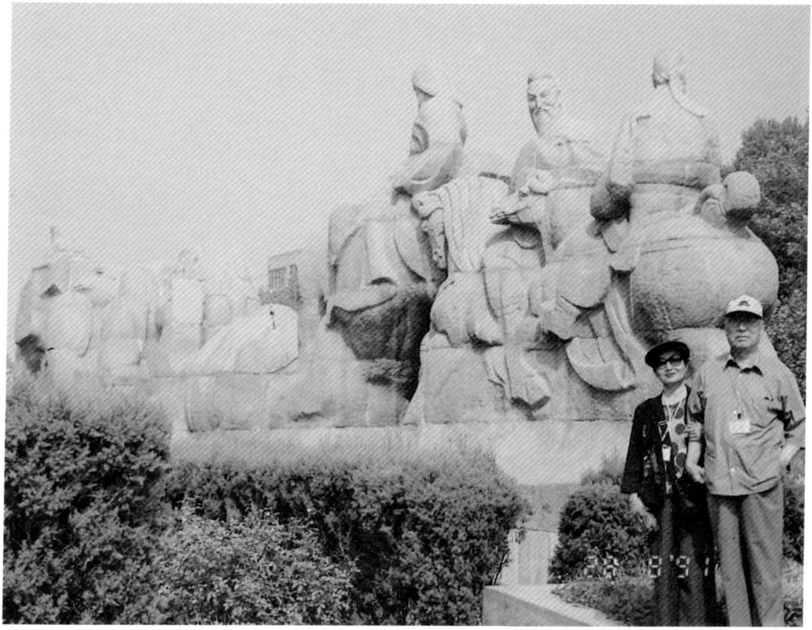

絲路起點在西安，起點所塑造當年先民們騎著大象、駱駝、馬匹而走絲路的情景

窟、河西走廊、迪化（烏魯木齊），這在六十多年前，初中時代就熟悉而嚮往的地方，均起了無限的遐想，十二天的行程，都不敢也不願漏掉任何一處，深深的看，默默的想，爲了將所見、所感，特別寫下了下面一些不成熟的詩句，爲了存眞就顧不得是否符合平仄和韻腳了。

一、桃園機場

桃園機場人如織，
北往南來奔東西；
我爲尋訪故園美，
關山飛越不延遲。

二、麥積山石窟

麥積山窟高入雲，
險梯攀越勿分神；
千年古佛皆默然，
期望世人莫沉淪。

麥積山石窟前，左起李光耀、王蜜、馮定敏、葉雪英、孫康、鞏秉章

三、嘉峪關

莊嚴雄偉嘉峪關，
馬鬃在北南祁連；
昔爲保國作前哨，
今因迎客猶未閒。

四、陽關

渺渺大地望無垠，
陽關舊情難再尋；
酒醉已乏行腳力，
蒼茫天際泛烟塵。

五、蘭州鐵橋

蘭州鐵橋天下名，
跨越黃河利人行；
羊皮筏子供遊賞，
交通文化需傳承。

嘉峪關雄姿依舊

陽關舊址一片迷濛

六、戈壁灘

戈壁大漠草迷離，
煙波無由隨風移；
遙望盡頭天地合，
人間事事莫瞋痴。

七、莫高窟

繽紛壁畫令人奇，
古佛低眉各有思；
窟藏瑰寶舉世慕，
文化闡揚應即時。

八、訪維爾吾族

天山牧野滿氈房，
房內一片喜洋洋；
萬里飛來造訪客，
中華民族情義長。

於維爾吾族家庭接受款待

九、鳴沙山與月牙泉

鳴沙山名已久傳，
旁有垂柳月牙泉；
誰說飛沙一盤散；
聚沙成山亦儼然。

十、河西走廊

東方之星似巨龍，
河西走廊婉轉行；
多年夙願已實現，
故國河山慰我情。

十一、夜抵西安

夜深蒼茫抵西安，
街頭猶放高空烟；
明代長城今仍在，
長治久安不虛傳。

十二、華清池

驪山腳下華清池，
溫泉水滑洗凝脂；
如今人去景依在，
徒留後世添遐思。

十三、天山天池

池處天山一奇姿，
水深幾許無從知；
群峰翠松相環繞，
神秘紗後一仙姬。

天山天池

2002年於烏魯木齊紅山公園，左起孫康、王蜜、葉雪英、
鞏秉章、馮定敏、李光耀

「東方之星」絲路傳奇號

外出旅行，能否順利愉快成功，大概下列三個條件最爲重要，一是是否有周切的準備，對當地人文風情有否瞭解和興趣，二是同行的伙伴志趣、個性、習慣是否相近、相投；三是交通工具的選擇是否安全、舒適。

民國九十一年的八月，我們作絲路之旅，感到是平生之中一次最成功、最愉快、最順暢的旅行，原因是符合了上述的三個條件，尤其是所選擇的交通工具——「東方之星絲路傳奇號」的火車更是稱心如意，火車內除了二人一個固定的房間，另外車內還有浴室、餐廳及娛樂間，均有專人服務，每日還供應時鮮水果及熱茶，房間外設有如歐洲火車一樣的走廊，可以盡情的遙望兩旁的風景，用餐是四個人一桌，有八樣可口不同的菜色，到了每一處觀光景點，改換遊覽車前往觀光住宿時，火車停站等候，原住的房間及所攜帶的物品有專人看顧，不必攜帶，極爲輕鬆舒適。

在旅行中，還邀請專家學者作專題演講，一是「麥積山之藝術與歷史文化背景」，二是「莫高窟之珍藏及其藝術輝煌之成就」，三是「馬背上民族之風情及其家庭之演變與平衡」，此外除了欣賞到我國大西北包括西安、蘭州、敦煌及烏魯木齊等地的風光、人文、民情之外，還吸收了平時不爲人知的常識與知識，不但沒有像一般旅行那樣的勞累、不便，而且一舉多得，實在感到非常的愉快。

「東方之星絲路傳奇號」火車

在車內餐廳等待用餐

延慶縣夏都公園

民國九十一年（二〇〇二）的四月四日，我們應邀赴距北京七十公里、轄區內有長城八達嶺的延慶縣參訪，沿途群山環抱、長城像巨龍般的蜿延其上，中途下車參觀其經濟技術開發區，並聽取有關人員所作未來遠景的介紹，到達溫泉度假村會議室，李縣長爲我們作了該縣的現況及今後發展重點的簡報；並說明由於該縣積極發展綠色農業，妥善規劃觀光事業，目前已獲得相當的成果，簡報後我們訪問團以我所畫的一幅「紅梅」致贈作爲紀念。

夏都公園入門處

中午我們接受了縣長的自助餐招待之後，即到附近嬀川廣場內的夏都公園參觀，該園除了有廣大的人工湖、垂柳、歐式建築，頗具林園之勝外，並設有中、外許多著名雕塑家所作的雕塑，有荷蘭瑪索爾．凡得露的「百華之母」、瑞典阿婉卡愛利克森作的「壳」、還有其他雕塑家的「開天闢地」、「核桃」、「絃歌」等，均極精采。這項將藝術品置於公園之內的做法除了增色不少，更顯示了該園的宏觀與前瞻性之氣派，值得敬佩。

雕塑之一「弦」

於夏都公園

經古北口到承德

民國九十一年（二〇〇二）四月十一日，我們在北京完成文化交流之後，即乘車去承德，在路經抗日戰爭中之名城古北口時下車留影，想到民國二十二年日寇大舉侵犯我華北時，我軍關麟徵部曾在此與日軍激戰十餘日，我軍裝備雖劣，但士氣高昂，將士以大刀與日軍肉博，日寇見之喪膽，因而我軍連戰皆捷，曾獲得輝煌戰果，但也付出了慘重代價。緬懷往昔，再遙望目前的山川、長城、村莊，卻是一片寧靜，心中不禁滄然。

到達承德，先去避暑山莊參觀，這座面積廣大的園林，氣派仍在，惟

於承德「布達拉宮」前

年久失修，已形成沒落現象。

第二天再去彷照西藏布達拉宮樣式所建的「普陀宗乘之廟」參觀，這座一向被人稱作「承德的布達拉宮」，除了金碧輝煌的屋頂，其他並沒有什麼神祕之感。

另外號稱中國最大的善寧寺，其寺中以木雕的千手千眼大悲士，已列入世界文化遺產之一，卻是令人大開眼界。

歷史重鎮古北口

古北口這座名城，目前一片寧靜

江南重遊感觸多

「江南遊」目前已是最熱門旅遊景點，說到江南，大家共同的概念，是小橋流水人家，灰瓦白牆、寧靜恬適。我早在六十年前，民國三十七、八年，就曾流亡於蘇杭、長安，由於爲流亡，居無定所，溫飽難求，心情和情感上均起伏難定。再加當時局勢不穩，戰爭隨時而起，因而對任何美景都無心欣賞。

第二次前往江南，是相隔四十年之後的一九九一年。由於參加的「中原新春雅集」係團體活動，拜會訪問活動又多，因而到各地均是「走馬觀花」式的急步相走，對山川美景仍是未能留連仔細體悟。

第三次是民國九十二年（二〇〇三），這次因爲是與幾位好友相邀，又特別把重點安排譽有林園之美的蘇州、杭州，以及讓人興起懷古之情的周莊。

江南的風景美是美，只是目前遊人太多，到「虎丘劍池」，看到這出自大書法家顏眞卿所寫雄偉的四個大字，的確令人興奮，可惜被衆多的遊人輪流拍照而遮掩。到千百年來被人朗誦「楓橋夜泊」的寒山寺，就更令人失望了，怎麼也無法與那霜寒孤寂、江楓漁火相映的情景聯接得起來。

至於周莊，雖然仍是小橋、流水、盪舟，但由於商業氣息濃厚，到處都是賣豬腳的商店，也失掉了那份幽靜，不過話得說回來，人們要改善生活，增加收入，相對的就會製造吵雜、污染，這就是人類目前面臨重大的課題。

莊景色

蓮池賞荷

橋畔小坐

江南風光（孫康水墨畫作品）

曾被人遺忘的野柳

千百萬年來都在隱藏著，藉藉無名，直到五十年前，大約在民國四十七、八年（一九五八）左右，由當時的「世界畫報」一篇報導——「一個被人們遺忘的地方——野柳」，才爲人們所嚮往、所重視，如今已成爲台灣北部最熱門的觀光景點。

野柳位於台北縣萬里鄉，爲突出於北海岸的狹長海岬，經千百萬年來的侵蝕、風化而逐漸形成千奇百怪的蕈狀石，燭台石、蜂窩石、壺穴、棋盤石等的奇觀，最爲出名的像女王頭高高的髮髻，令人沉迷，又如女王鞋，一隻大鞋子彷佛爲仙女不愼而遺留人間。這些造型特異，鮮活而生動的岩石，使全長一千七百公尺的海岬，已成爲最富盛名的地質公園，再加周圍的海岸生態、漁村風情等多元面貌，成爲深具教育、觀光與遊憩的旅遊名勝之地。

由於野柳的風光優美而奇特，因此，我每隔幾年就前往參觀一次，有的係陪同家人、友人，有的係參加服務單位、或詩詞研究班的團體旅遊，雖然每次前往分別爲不同年代、不同遊伴，但每次都有意外的發現與內心的喜悅。

民國九十四年（二〇〇五），愛群詩詞研究班團體旅行時所留影

女王頭像

野柳呈現的蕈狀石

地球最後的一塊淨土紐西蘭

很久了，常聽外出旅行的朋友說：當今澳洲是大自然最美、環境最清潔，是一個值得去旅行的國家，不過，如果你去了紐西蘭，那澳洲就不用去了，因爲紐西蘭比澳洲還好、還美、還乾淨，紐西蘭應是地球最後的一塊淨土。

儘管大家都這樣說，我仍未心動，因爲紐西蘭距台灣太遠了，再說紐西蘭雖然大自然很美，但在我的印象中，紐西蘭好像並沒有太多的名勝、古蹟。

直到二〇〇二年的年初，忽然接到韓籍義女南銀亭來電話說，她已移民紐西蘭，希望爸爸媽媽能夠到紐西蘭來玩。沒有多久又來信相邀，還說如果現在來，還可以與她的親生父母見見面，因爲她的父母也將由韓國去紐西蘭。只是當時，我已有回山東，家鄉之約定，所以一直未能實現。

二〇〇六年三月，因爲這幾年銀亭多次來信相催，於是決定前往，第一階段九天，我們邀請好友馮玉明、葉榮子兄嫂，以及他們的親戚游龍飛、葉瑛卿伉儷，一同參加了旅行團的遊程，從北島到南島，從帆船之都奧克蘭到陶金小鎮的仙蒂鎮，到冰河、到天堂溪谷、峽灣的螢火洞，飽嚐了大自然、遍地瀑布的綺麗風光。

第二階段十一天，就留在銀亭家在素有花園之都的基督城了，基督城風光之美，應是紐西蘭之冠，尤其建築、人文、文化更是讓人感到什麼是天堂，基督城不但到處是林木蒼翠的大公園、河流蜿延經全市，而且每一家庭寬敞、庭院花團錦簇、幽靜雅致，人人相遇均微笑相迎。

我們在銀亭家裡住了十多天，不是外出探勝訪幽，就是在家閒話家常，品嚐多種水果，或到市街試嚐各國餐飲。偶爾也到附近公園散步、寫生，雖然身在異國及異國家庭之中，而仍然享受了家庭天倫之樂，回到台灣頗有所感，寫了八首有感之詩，並發表於「法鼓藝苑」五月號，以作爲此行跨過赤道、到過最接近南極紐西蘭之紀念，我寫的八首詩如下：

紐西蘭山光水色明麗優美

其一 夜飛紐西蘭

夜色沉沉夜雨寒，
南飛初止紐西蘭；
左鄰右舍皆酣睡，
總是征人入夢難。

其二 飛抵奧克蘭

帆楫之都奧克蘭，
風光綺麗再三看；
若論文化名毛利，
南島原民見一斑。

其三 遙望冰河

冰河萬載不曾融，
潔白晶瑩天地空；
對此不禁深所感，
紅塵只是一時紅！

青山綠水芳草之間

紐西蘭冰河

紐西蘭基督城到處花團綿簇

與同遊之三位女青年林淑琪（中）沈素月（右二）林淑英（右一）於紐西蘭旅程中合影

其四　南島風光

粼粼湖水起煙霞，
漫漫草原牛畜家；
識得風光南島好，
遠山含翠更堪誇。

其五　過訪基督城

樹木成陰空氣清，
家家笑臉喜相迎；
祥和社會多榮耀，
不愧名爲基督城。

其六　與銀亭重聚

揮別銀亭已十年，
今朝重聚樂如前；
全家視我如親父，
異國風光異國緣。

其七　光洙事業有成

光洙事業慶能成，
濟世懸壺大有名；
親友同胞齊康樂，
我聞一片頌揚聲。

其八　螢火洞奇景

地下何來河水鳴？
洞中螢火似繁星；
方舟划過天開路，
恰是遊仙夢乍醒。

定敏與銀亭全家，牆壁所懸雙馬圖
名畫家孫晉卿先生所畫

與銀亭、光洙出遊時留影

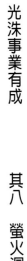

與好友馮玉明、葉榮子兄嫂（中），游龍飛（左一）葉瑛卿（右一）伉儷，於地熱噴泉合影

與基督城街頭音樂家 Elle Walker 合影，她能唱、能吹奏，音樂素養頗高

溫馨小木屋之旅

這些年來，我常常到各地包括國內及國外去旅行，住宿問題，可說是五花八門，有的是住在朋友家，有的住民宿、住家庭旅舍，有的借住機關、學校的招待所，還有時住專家公寓，當然也會住大飯店、賓館，住飯店時，又有時住

「笑看星斗樽前落」，回到溫馨小木屋

定敏於小木屋外之庭園小坐

定敏於服務的電信管理局大門前

標準間或住套房，所謂標準間就是一個僅供睡眠的簡單房間，而套房則是除了房間還有客廳，最豪華的除了房間、客廳還有辦公室或寫字間，儼然像是個大人物，不過這種機會並不多，大半也不是眞辦公，外出旅行，辦什麼公？只是有個寫字桌，方便繪畫、書寫而已，並沒有什麼特別意義，而且幾乎都是朋友代爲安排的。

使我印象最好、最深刻的，是有一年定敏服務的電信局所舉辦恆春墾丁小木屋之旅，所住的小木屋，顏色溫馨調和，位置適中而幽靜，既沒有家居的繁雜，又沒有大飯店呆板的制式裝飾，早晨有鳥叫，晚間有蟲鳴，可以嗅到草香，也可以看到山色，有都市的方便，又有大自然的接近，多少星級的大飯店都無法比。

本書最前面的一篇是「笑看星斗樽前落」，我想看罷星斗落之後，也應該回到溫馨的小木屋了吧！畢竟瀟灑浪漫之後，還是需要休息的，休息才能走更長的路。

久別重聚在泉城

「長亭外，古道邊，芳草碧連天，晚風拂柳笛聲殘，夕陽山外山。天之涯，地之角。知交半零落，一瓢濁酒盡餘歡，今宵別夢寒」。

李旗用低音喇叭，吹奏起這首膾炙人口的「送別」，我亦隨音低唱，客廳裡突然靜下來，廣慶、書閣、義貞、定敏似乎被這首曲子，牽引到另一思緒的境界，均低頭沉思。

李旗原名叫李登雲，我初中時期的同學，一九四八年一別，迄今已是一甲子，今年（二〇〇六）的九月，經過丁諾（廣慶）聯絡和安排，我們在泉城重聚，當年都尚是涉世未深的少年，如今卻已是白髮蒼蒼的老者了，久別又是舊地重逢，該有過多的感慨，與陳年舊事相說，可是似乎並沒有，因爲令我們感傷、以及我們所經歷過滄桑之事太多了，實在一時之間也不知從何說起，我們只有在這首「送別」歌詞及其旋律中，將我們內心的情感、心緒融合在一起。眞道是「此情與誰語；相顧淚沾衣」。

李旗吹奏小喇叭之神情

泉城別後，李旗寫了下面一首「順口溜」給我，他把當年在校的點點滴滴諸多情節、別後的思念，以及重逢的喜悅，用優美、深沉而協韻的句子一一寫出來、道出來，不論是「順口溜」？還是藉「順口溜」的形式，一字一句、卻都是血淚交織的心語！下面就是李旗所寫：

2006 年 9 月 28 日在泉城，左起李旗（登雲）、孫康（受天）、楊義貞（書閣夫人）、馮定敏（孫康夫人）、牛書閣、丁諾（廣慶）

受天學兄
定敏大嫂：

春風送寵狗，瑞雪迎福豬，佳節倍思親，最想同窗友。
新春表祝福，來段順口溜，思緒飛當年，往事堪回首。
想那舊社會，故鄉太落後，天災加戰亂，民眾生活苦。
高小畢業後，中學無處讀，老天不滅曹，禹中遷省府。
學校設備差，師資屬一流，僅舉兩事例，當可看得出。
英文一教師，大名曹吁謨，美鬚垂胸前，長衫衣冠楚。
邁著四方步，宛然老學究，綽號頗響亮，人稱曹大鬍。
留學法蘭西，娶個法國妞，學成要回國，巴金同船走。
夫唱婦不隨，洋婆鬧別扭，除非要離婚，絕不跟他走。
上海比巴黎，廁所都不如，曹公聞此言，惱羞變暴怒。
毅然登船回，一別不回頭，學校週會上，振臂又高呼。
可嘆大中國，國人心不古，政府不爭氣，甘受列強辱。
越講越激昂，自把耳光抽，滿腔愛國情，壯志惜難酬。

音樂女教師，專業頗優秀，長像亦俊美，氣質很風度。
燙髮黑又亮，旗袍顯腰瘦，講授美聲法，從容展歌喉。
老師挺洋氣，學生比較土，俺們鄉下娃，哪兒懂藝術。
嘴再張得大，感覺也沒有，把嘴張圓了，只當玩笑逗。
同窗一載多，不識君面目，君乃大學長，小弟年尚幼。
濟南戰雲密，學校將荒蕪，被迫離故鄉，流浪奔四處。
一別半世紀，沓然音訊無，廣慶來電話，得兄通訊處。
連夜速寫信，即刻寄臺州，書畫台飛來，驚喜淚不住。
知兄在台灣，功成名亦就，難得良伴配，伉儷竟風流。
四海墨飄香，列國任周遊，赤子故鄉情，德高恩惠厚。
聯絡十同鄉，解囊把學助，愛心越海峽，義舉感肺腑。
久別泉城會，未及暢敘舊，殷切盼明天，禹城重聚首。
開館典禮日，理當大慶祝，別來無恙乎，遙頌康壽福。

愚弟　登雲躬拜大年

二〇〇七年元旦於岱下

不忘禹城是故鄉

「歷經風雨半世紀，不忘禹城是故鄉」，離鄉背井，屈指一算，已是一甲子六十年了，在人生的道路上應不算短的六十年之中，天南地北，不知走過多少路，也算不出住過多少城鄉，但最爲懷念、最爲眷戀的地方，仍是故鄉——禹城，那裡的人、那裡的事、那裡的土地、那裡的一草一木。

禹城位於黃河以北，離省會濟南市五十公里，爲一歷史非常悠久的城市，早年是以農業爲主，傳統而保守，現在卻是農業與工業兼具，充滿了一片欣欣向榮的新氣象。我是一九二九年出生於禹城市房寺鎮孫橋村，幼年在本村私塾及油張院小學唸書。一九四六年遠赴省城就讀由禹城遷往的禹城中學、中正高中，一九四八年因躲避戰火及希望繼續學業，而跟隨學校至南京、浙江長安鎮、廣東、貴州、雲南；一九五〇年由海南島移居台北。

一九九一年的新春，是我離家四十五年之後第一次返鄉探親，之後每隔一、二年就返回一次，有時是回鄉探視家屬親友，有時是爲緬懷以往，重新拾回兒

二〇〇四年於禹王殿

時回憶；而更多、更重要的則是關心和參與新的鄉情，進而願將自
己所知、所有、所能，爲自己家鄉盡一分心力，十六年來，經過多
方不斷的聯繫、溝通、建議與協調，以及獲得家鄉各級領導、鄉親
們的信任、肯定與協助，很順利的與其他九位同鄉一起完成於禹城
一中設置「故鄉情」獎助學金；另由我個人與市政府共同合作於禹
城廣場設置了「孫康美術館」，以及爲我自己出生地孫橋村鋪設了
公路。以上三點總算實現了多年爲家鄉貢獻一己心力的夙願。

2004 年於禹王亭

情繫故鄉學子

我自幼乃至青少年，由於戰禍連連，大時代、大環境的混亂與變動，再加家庭經濟困難，因而生活難以安定，更無法接受到完整而有系統的教育，年長轉入社會以後，方感到讀書的重要，惟有把書讀好，才有能力爲社會服務，因而對家鄉莘莘學子，就格外的予以關注，爲此特別結合其他九位同鄉、同學王玉琪、田汝明、曲純全、李光耀、李傳聖、孫忠義、梁尚忠、尉廷美、馮永林及我自己，共十位，於禹城一中設置「故鄉情」獎助學金，每年獎助家庭清困、學習績優三十名同學，並於二〇〇四年七月一日由我、李光耀、李傳聖（馮定敏代）與禹城一中校長姜成華先生正式簽訂協議書，並邀請教育局長趙忠祥先生、前政協主席孫思東先生等觀禮，禹城一中現有學生四千五百位，爲禹城市重點學校。「故鄉情」獎助學金設置後，禹城一中校長姜成華先生有感而寫了下列詞句：「鄉情　親情　情義無價　情繫禹城故鄉學子；父愛　母愛　愛心至上　愛灑桑梓後生。」

二〇〇五年十月，禹城一中建校六十周年，我寫了下列兩首詩，藉爲慶賀：

一、禹城教澤一中揚，化雨春風國有樑；
建校今逢一甲子，薪傳幾輩感恩長。

二、一甲子來負盛名，宏規巨流育群英；
花開敢忘勤培植，仰望禹城大樹榮。

2004 年 7 月 1 日由姜成華校長（右）陪同參觀禹城一中校園

2006 年 9 月 24 日與獲「故鄉情」獎助學金同學合影

禹城「孫康美術館」

一個現代化的城市，經濟建設與發展，固然關係人民生活的提昇與改善，自然極爲重要，但文化建設、人民精神生活、藝文活動亦不能疏忽，應同樣受到重視，二〇〇一年四月，我返回家鄉探親，鑑於家鄉禹城市在經濟建設方面已積極推展，並獲得極高的成就，今後在藝文活動，市民精神生活及籌設一座美術館，亦應及早籌劃，以期經濟建設與文化建設齊頭併進，創造更美好的禹城市，遂拜會政協主席孫思東先生，並充分交換意見，復於二〇〇四年四月提出「籌建美術館」之芻議，轉請有關單位參考。

二〇〇五年二月，我接到禹城市委會宣傳部張部長志芳的來信：「關於建美術館之事，我市陳永華書記已責成我們禹城市宣傳部負責辦理，爲此，我們將此事列爲二〇〇五年工作之重點，並已成立建館領導小組，專門負責建館事宜，目前我們已完成美術館整體設計」，「只待市城建部門按著全市統一規劃，選出理想館址，即可動工興建」。「對先生身在台灣，情繫家鄉，無償捐贈畢生積累之文化資產一事，我們深表欽佩；對先生拳拳赤子之心，我們深爲感動，請先生放心，我們一定秉承宵衣旰食，殫精竭慮之精神，盡全力做好美術館籌建之事」。

興建中的「孫康美術館」走廊

經過一年又二個多月之間的函電聯繫協調：二〇〇六年四月我又收到張部長的信：「我曾向您介紹根據全市城建統一規劃，禹城市書畫院（美術館）自去年開始，已隨禹城廣場一起建設。」「按照最終設計，書畫院（美術館）是廣場之上，除

「孫康美術館」主體工程已建築完成

設置「孫康美術館」由黃金忠市長（右）與我簽訂協議書

文化長廊之外的唯一建築物，共二層，建有辦公室、創作室、貯藏室、大型展廳等，設計面積四千平方米，造型別致，環境幽雅。」

去年（二〇〇六）九月，我應邀赴高唐參加「海峽兩岸名家書畫展」大會，九月十日先回家鄉禹城拜訪，十一日下午與陳書記永華先生見了面，並承書記帶領一起赴各大工業區參訪，始瞭解禹城市在陳書記領導下已有多所大型重工業廠區，在經濟發展方面獲得了極爲豐碩的成就。同一時間陳書記並指示有關美術館事宜，市政府應即與我進行協商，簽訂協議書及密切聯繫，各項工作務必落實按時完成。因此，遂於九月二十六日，由市長黃金忠先生與我，在陳書記永華先生、張部長志芳、文化局邢局長仁強、原

設置「孫康美術館」協議書簽訂後與會人員合影

政協主席孫思東先生以及我內人馮定敏女士、侄子孫傳國等衆多人員觀禮下，簽訂了「孫康美術館設置協議書」，「並於二〇〇六年九月二十六日正式生效。」

協議書說明了下列幾點重要事項：

「孫康美術館」係爲發揚光大中華文化，推展藝文活動，培養市民藝文興趣，而由禹城市人民政府及本市旅居台灣之著名畫家孫康先生共同合作而設置。其建築與館內設施裝置，均由市政府負責。書畫則由孫康先生捐贈，並永久陳列展出。

美術館設置於本市禹城（糖城）廣場文化藝術中心大樓之二樓，規劃爲三大間展廳，內分孫康夫婦書畫展廳、收藏名家書畫展廳、創作室，及碑帖、書畫集、刊物陳列室及儲藏室。

協議書簽訂完成後，黃金忠市長（右）與本人相互握手致意

館內書畫作品，包括名家書畫作品一五〇件，孫康夫婦書畫作品二〇〇件，約計共三五〇件，均由孫康先生無償捐贈，作爲禹城市之文化資產。

美術館設置館長、副館長、解說員及書畫專業保管人員，均爲固定編制人員及正常運作所需經費，均由市政府編列提供，行政管理由市文化局負責。

禹城市政府對孫康先生關心、眷戀家鄉之情，十分欽佩，並感謝其對故鄉建設的無私奉獻，將於開館時，爲其頒發紀念狀。

「孫康美術館」預定於二〇〇七年四月前由市政府完成裝置設施，七月正式開館，相信開館後，必將爲我禹城市藝文方面帶來一番新氣象。

協議書簽字後，陳書記（中）、黃市長（右）本人以及與會全體人員，大家舉杯慶祝

陳永華書記向本人握手致意祝賀，右一爲黃金忠市長

國畫大師李奇茂博士爲「孫康美術館」館名之題署

愛灑故園村路長

孫橋是我出生之地，也是孕育我成長多年的地方，我對它自有深厚而不可分割的感情，我家以農爲主，家境與同村其他家庭一樣，雖然屬於清貧，但先嚴寶香公及先慈訾氏，天性仁厚，每遇鄉里發生災難，鄉親生活困難，均主動給予援手資助，尤其先父熱誠而耿介，說一不二，早年在擔任村長期間，適逢黃河泛濫，徒駭河河水瀑漲，危及全村，先父首先以身作則先將自己栽種多年四十多顆如大碗粗般的高樹砍掉，作爲堤防塡高椿木，全村終於免除了一次水患，我從小就耳濡目染，深受影響，因而多年來爲公益之事，也從不後人。

去歲（二〇〇六）九月，我應邀前往高唐參加「海峽兩岸名家書畫展」之後，返回家鄉孫橋探親，鄉親們以每逢下雨之後，村路泥濘，小學生上學不便，做生意尤其農產品輸出也不易，多少年來造成村民極度困難，由於村民大多家計清困，想解決而無法解決，爲此村民代表多人特情商於我，可否予以設法？我瞭解此情後，覺得道路就像村莊的動脈，必須平順暢通，又感於爲家鄉解決

2006 年 9 月 25 日回鄉受到鄉親熱烈歡迎

困難，義不容辭，於是連身旁的定敏也未徵求是否同意？便一口承諾全部經費由我一人資助，並請有關人員、立即規劃，積極進行，我之所以未徵求定敏意見，即迅予決定，因爲定敏在數年前，就曾主動說要出資改善這條道路。

由於全村配合，工作人員的努力，全村鋪路工程遂於九月二十五日舉行開工奠基，一時之間全村父老兄弟姊妹及兒童數百人，在鑼鼓齊鳴之下歡聲雷動。房寺鎭李副書記秀雙女士、村書記孫受東、我的侄子孫傳興等均相繼致詞，村民代表孫傳珍先生在致詞最後還特別對我和定敏朗誦了八句祝福話：「少年離家老來回，鄉音未改心更美，巨資鋪路爲居民，二老永是孫橋人；孫橋建村六

2006 年 9 月 25 日回鄉，向歡迎鄉親問好

百載，公德奉獻您爲尊，今將茶壽敬二老，再成孫橋高壽人。」

孫橋村鋪路工程，包括康莊路、文化路、光明路、幸福街、功德街及懷德街等，已於十一月底全部順利完成，計長一千五百多公尺，鄉親爲了表達內心之喜悅與感謝，在我不知情之下，村委會及修路委員會還特別建立一座功德碑，說明鋪路之緣由與經過，其實，爲鄉親鄰里解決問題與困難，爲我多年的心願，也是我原爲本村村民一份子，義不容辭的責任，實在不值得父老、兄弟、姊妹及侄孫們對我如此讚譽的。

同村同族孫受新兄弟，事後還爲我寫了下列一首「心願」詩：

2006 年 9 月 25 日舉行孫橋鋪路奠基開工，右爲房寺鎮李秀雙副書記

應天來世農稼院，
滿庭昇輝合家歡；
自幼父母嚴管教，
讀書勤奮志高遠。
風雲變幻時局亂，
歷盡坎坷與艱險；
同窗相倚共舟濟，
登機跨海落臺灣。
摯友鼎助苦歷練，
功成家就盡開顏；
佼妻矯子團團坐，
二老兄嫂縈故園。
堅冰消溶陰霾散，
夫人陪伴幾迴還；
得道自來得天助，
夙願以償終無憾。

定敏致詞説明她熱愛家鄉

向鄉親問好，並報告返鄉心路歷程

舉行奠基開工後與工作人員合影，定敏右爲房寺鎮李副書記秀雙女士

負責修路工程之委員：後排左起孫傳東、孫受東、孫傳興、孫加會、孫加付。前排左起孫加軍、孫加才、孫傳珍、孫傳國

孫橋村莊鋪路工程完成後之景象